A ÉTICA DO EU DE NIETZSCHE

Editora Appris Ltda.
1.ª Edição - Copyright© 2024 do autor
Direitos de Edição Reservados à Editora Appris Ltda.

Nenhuma parte desta obra poderá ser utilizada indevidamente, sem estar de acordo com a Lei nº 9.610/98. Se incorreções forem encontradas, serão de exclusiva responsabilidade de seus organizadores. Foi realizado o Depósito Legal na Fundação Biblioteca Nacional, de acordo com as Leis nos 10.994, de 14/12/2004, e 12.192, de 14/01/2010.

Catalogação na Fonte
Elaborado por: Josefina A. S. Guedes
Bibliotecária CRB 9/870

C512e
2024
	Chaves, Anselmo de Lima
	    A ética do eu de Nietzsche / Anselmo de Lima Chaves. – 1. ed. – Curitiba: Appris, 2024.
	    155 p. ; 23 cm. – (Educação tecnologias e transdisciplinaridade).
	
	    Inclui referências.
	    ISBN 978-65-250-6002-6
	
	    1. Ética. 2. Individualidade. 3. Educação. 4. Nietzsche, Friedrich Wilhelm, 1844-1900. I. Título. II. Série.
	
	    CDD – 171.2

Livro de acordo com a normalização técnica da ABNT

Editora e Livraria Appris Ltda.
Av. Manoel Ribas, 2265 – Mercês
Curitiba/PR – CEP: 80810-002
Tel. (41) 3156 - 4731
www.editoraappris.com.br

Printed in Brazil
Impresso no Brasil

FICHA TÉCNICA

EDITORIAL	Augusto Coelho
	Sara C. de Andrade Coelho
COMITÊ EDITORIAL	Marli Caetano
	Andréa Barbosa Gouveia - UFPR
	Edmeire C. Pereira - UFPR
	Iraneide da Silva - UFC
	Jacques de Lima Ferreira - UP
SUPERVISOR DA PRODUÇÃO	Renata Cristina Lopes Miccelli
PRODUÇÃO EDITORIAL	Daniela Nazario
REVISÃO	Bruna Fernanda Martins
DIAGRAMAÇÃO	Jhonny Alves dos Reis
CAPA	Lívia Weyl
REVISÃO DE PROVA	Jibril Keddeh

COMITÊ CIENTÍFICO DA COLEÇÃO EDUCAÇÃO, TECNOLOGIAS E TRANSDISCIPLINARIDADE

DIREÇÃO CIENTÍFICA Dr.ª Marilda A. Behrens (PUCPR) — Dr.ª Patrícia L. Torres (PUCPR)

CONSULTORES

- Dr.ª Ademilde Silveira Sartori (Udesc)
- Dr. Ángel H. Facundo (Univ. Externado de Colômbia)
- Dr.ª Ariana Maria de Almeida Matos Cosme (Universidade do Porto/Portugal)
- Dr. Artieres Estevão Romeiro (Universidade Técnica Particular de Loja-Equador)
- Dr. Bento Duarte da Silva (Universidade do Minho/Portugal)
- Dr. Claudio Rama (Univ. de la Empresa-Uruguai)
- Dr.ª Cristiane de Oliveira Busato Smith (Arizona State University /EUA)
- Dr.ª Dulce Márcia Cruz (Ufsc)
- Dr.ª Edméa Santos (Uerj)
- Dr.ª Eliane Schlemmer (Unisinos)
- Dr.ª Ercilia Maria Angeli Teixeira de Paula (UEM)
- Dr.ª Evelise Maria Labatut Portilho (PUCPR)
- Dr.ª Evelyn de Almeida Orlando (PUCPR)
- Dr. Francisco Antonio Pereira Fialho (Ufsc)
- Dr.ª Fabiane Oliveira (PUCPR)
- Dr.ª Iara Cordeiro de Melo Franco (PUC Minas)
- Dr. João Augusto Mattar Neto (PUC-SP)
- Dr. José Manuel Moran Costas (Universidade Anhembi Morumbi)
- Dr.ª Lúcia Amante (Univ. Aberta-Portugal)
- Dr.ª Lucia Maria Martins Giraffa (PUCRS)
- Dr. Marco Antonio da Silva (Uerj)
- Dr.ª Maria Altina da Silva Ramos (Universidade do Minho-Portugal)
- Dr.ª Maria Joana Mader Joaquim (HC-UFPR)
- Dr. Reginaldo Rodrigues da Costa (PUCPR)
- Dr. Ricardo Antunes de Sá (UFPR)
- Dr.ª Romilda Teodora Ens (PUCPR)
- Dr. Rui Trindade (Univ. do Porto-Portugal)
- Dr.ª Sonia Ana Charchut Leszczynski (UTFPR)
- Dr.ª Vani Moreira Kenski (USP)

Anselmo de Lima Chaves

A ÉTICA DO EU DE NIETZSCHE

Aos meus pais.

PREFÁCIO

Discorrer sobre o conteúdo deste livro é, sim, um prazer grande, porém, não comparável ao que foi percorrer suas linhas, página a página. Prazer que teve início logo que recebi o convite para assinar este prefácio e que oscilou em inúmeros momentos de excitação durante o trajeto. Confesso que precisei de algum esforço de concentração para abster-me dos impulsos provocados pela discussão proposta e cumprir a missão que me fora confiada.

O que Anselmo Chaves nos traz neste trabalho é algo que merece ser unido a outros textos relevantes que se propõem ao fomento de discussões críticas e reflexivas acerca da filosofia da educação. Sobretudo dos sistemas, modelos educacionais instituídos e consagrados. Processos construídos de cima para baixo e moldados com objetivos homogeneizadores, desprezando, assim, toda a carga de subjetividades e peculiaridades de cada indivíduo. Ademais, para além dos modelos, o texto fundamentado a partir de importantes reflexões filosóficas é capaz de colocar no centro de toda discussão o papel dos principais agentes do processo: os educadores, aqueles cuja práxis será determinante para a formação do sujeito crítico e independente, capaz de pensar a partir de si mesmo. O fato de ter bebido da fonte de Friedrich Nietzsche se faz indício inelutável de que os achados não estarão na superfície. Afinal, o perspectivismo do filósofo alemão proporciona ao leitor a possibilidade de visualização de um mesmo objeto a partir de pontos de observação distintos.

No percurso deste texto, o leitor encontrará, além de rara oportunidade para repensar a educação em sua totalidade, ou seja, refletir sobre a importância do tema, as nuances do processo e ao que se destina, ou ao que deveria se destinar. Haverá, também, a possibilidade de relacionar à vida aquilo que, aparentemente, se destinaria a uma abordagem específica sobre os processos e práticas educacionais. O fato de ter sido forjado a partir de indagações de importantes pensadores cujas inquietações influenciaram, e influenciam até hoje, reflexões existenciais, possibilita o descolamento do tema de um foco específico para uma visão abrangente e holística, algo que se pode confirmar pelas bases do pensamento nietzschiano, aqui utilizados como alicerces. Anselmo Chaves nos traz aqui, com notável competência, o ponto de encontro da filosofia de Nietzsche com a construção histórica dos processos educacionais. Relação descrita e pontuada, didaticamente, na apresentação dos destaques em cada uma das muitas obras do filósofo, nas quais se pode relacionar suas inquietações aos questionamentos acerca dos propósitos da educação, bem como a construção dos modelos educacionais.

De forma implícita e, em alguns momentos, até explícita, o leitor se encontrará diante das principais chaves de acesso à interpretação do pensamento nietzschiano. Conceitos importantes do autor permeiam ou emolduram a discussão que aqui se dá. O conceito de ÜBERMENSCH — super-homem ou, em melhor tradução, para além do homem — relaciona-se intimamente com o processo, aqui nominado, travessia para si mesmo, algo perene na obra de Nietzsche quando critica toda forma de imposição moral que não seja concebida a partir da individualidade, do encontro com sigo mesmo. Entre outros tantos, este finda por abarcar, ainda, outra importante reflexão do filósofo ao distinguir diferenças ao que chamou de moral dos senhores e moral dos escravos. Uma crítica contundente ao comportamento passivo e irreflexivo das manobráveis massas humanas. Comunidades subservientes à éthos vigente, cujo bem e o mal, o certo e o errado, são instituições definidas por alguns e devem orientar a existência de todos.

Finalizo dizendo que, diante de tão cuidadosa abordagem, a educação não pode e nem deve ser vista como uma bolha, apartada dos outros segmentos da sociedade. Afinal, é dela — a educação — que ouso dizer que tudo depende. Resta agradecer pela oportunidade de tão prazeroso aprofundamento e manifestar meu mais sincero encantamento por este trabalho que, certamente, haverá de influenciar educadores a envidar esforços no sentido de se tornarem homens de cultura, capazes de conduzir a si e aos que, por ventura, vierem a orientar, pela estrada que os levará ao encontro de si mesmos.

Tom Lira
Professor e escritor

Como pensador deveria falar-se unicamente da educação de si mesmo. A educação da juventude dirigida por estranhos é ou um experimento realizado em alguém desconhecido e incognoscível, ou uma nivelação por princípio, para adequar o novo ser, qualquer que seja ele, aos hábitos e costumes reinantes: nos dois casos, algo indigno do pensador, obra de pais e pedagogos, que um homem audaz e honesto chamou de nossos inimigos naturais. – Quando, depois de muito tempo, se educou segundo as opiniões do mundo, acaba-se um dia por se descobrir a si mesmo: então principia a tarefa do pensador, é tempo de se lhe solicitar auxílio – não como educador, mas como a alguém que educou a si mesmo e tem experiência.

(Friedrich Nietzsche – HHII, O Andarilho e Sua Sombra, §267)

LISTA DE SIGLAS DOS TEXTOS DE NIETZSCHE

Os textos de Nietzsche são citados em notas de rodapé pelas siglas dos títulos seguidas de um algarismo arábico, que indica o aforismo da obra, tal como é usual entre os intérpretes da filosofia nietzschiana.

NT	–	*O nascimento da tragédia*
SE	–	*Sobre o futuro dos nossos estabelecimentos de ensino*
Co. Ext. I	–	*Considerações extemporâneas I: David Strauss, o devoto e o escritor*
Co. Ext. II	–	*Considerações extemporâneas II: Da utilidade e desvantagem da história para a vida*
Co. Ext. III	–	*Considerações extemporâneas: Schopenhauer como educador*
Co. Ext. IV	–	*Considerações extemporâneas IV: Richard Wagner em Bayreuth*
HHI	–	*Humano, demasiado humano* (v. 1)
HHII	–	*Humano, demasiado humano* (v. 2)
A	–	*Aurora*
GC	–	*A gaia ciência*
ZA	–	*Assim falava Zaratustra*
BM	–	*Para além de bem e mal*
GM	–	*Genealogia da Moral*
CW	–	*O caso Wagner*
CI	–	*Crepúsculo dos ídolos*
NW	–	*Nietzsche contra Wagner*
AC	–	*O anticristo*
EH	–	*Ecce homo*

No caso de *Genealogia da Moral*, os números em romano indicam as partes do livro. Já no caso de *Ecce Homo*, cujas partes não estão divididas em números, a sigla é seguida do nome da parte em questão. KGW é a sigla da edição das obras completas de Nietzsche organizadas por Colli e Montinari, o *Sämtliche Werke: Kritische Studienausgabe in 15 Bänden*.

SUMÁRIO

1
INTRODUÇÃO 15
1.1 Schopenhauer Educador 15
1.2 Wagner em Bayereuth 19
1.3 O ideal de autenticidade 20

2
AS IMAGENS DE SCHOPENHAUER E DE WAGNER 27
2.1 David Strauss: O devoto e o escritor 27
2.2 Sobre o futuro de nossos estabelecimentos de formação 29
2.3 Da utilidade e desvantagem da história para a vida 30
2.4 A imagem de Schopenhauer 35
2.5 A imagem de Wagner 46

3
A IMAGEM DE NIETZSCHE 59
3.1 Ecce Homo: Ecce Insanus? 60
3.2 A inteligência de Nietzsche 67
3.3 A libertação pela doença 74
3.4 O mal do idealismo 76
3.5 O instinto dominante 85

4
A ÉTICA DO EU DE NIETZSCHE 89
4.1. Humano Demasiado Humano 89
4.2 Aurora 92
4.3 Gaia Ciência 98
4.4 Assim Falou Zaratustra 104
4.5 Além de Bem e Mal 110
4.6 Genealogia da Moral 121
4.7 Crepúsculo dos Ídolos 131
4.8 O Caso Wagner 137

5 CONCLUSÃO 145

REFERÊNCIAS. 149

INTRODUÇÃO

A recepção brasileira das obras de Nietzsche, no que diz respeito ao tema da educação, tem privilegiado aquelas do período de produção que vai de 1870 a 1876. O caso exemplar disso é o de Rosa Maria Dias, que, em seu belo livro *Nietzsche Educador*, abordou a ação de Nietzsche como educador e seu pensamento sobre a educação privilegiando os trabalhos compreendidos no referido período[1]. Este livro vem contribuir para a pesquisa brasileira sobre a filosofia da educação de Nietzsche ao complementar o estudo da totalidade de sua obra, no campo da educação, focalizando, agora, o período de 1878 a 1888[2].

Contudo, não podem ser desconsideradas, pelo menos, duas obras do período anterior, particularmente, as *Considerações Extemporâneas* intituladas *Schopenhauer Educador* e *Wagner em Bayreuth*, pois, com elas, como o filósofo mesmo indicou em *Ecce Homo*, foi dada a primeira expressão[3] a "um problema de educação sem equivalente"[4], problema esse que, na medida em que está presente de forma explícita em sua última obra, como veremos, atravessa, portanto, o período de 1878 a 1888.

1.1 *Schopenhauer Educador*[5]

Em *Schopenhauer Educador*, Nietzsche formula seu problema de educação já na introdução da obra. Ele inicia com uma consideração sobre a

---

[1] *Cf.* DIAS, 1991, p. 16.

[2] Considerando que em *Ecce Homo*, Nietzsche afirma que a gestação de *Humano* se deu a partir do momento em que ele percebeu, no festival de Bayreuth, que "era hora de refletir, retornar a mim" (EH, Humano Demasiado Humano, §3), e tendo em vista que o tema desse livro está intimamente ligado ao tema do retorno a si, como veremos, tomei esse retorno a si de Nietzsche como marco de referência e dividi as obras do filósofo, assim, entre aquelas escritas no período que antecede o retorno a si (até *Wagner em Bayreuth*) e aquelas publicadas no período que sucede o referido retorno a si (a partir de *Humano Demasiado Humano*).

[3] Primeira expressão porque Nietzsche afirma ter utilizado Schopenhauer e Wagner, *grosso modo*, "para exprimir algo, para ter em mãos mais umas tantas fórmulas, signos e meios linguísticos" (EH, As extemporâneas, §3).

[4] *Id.*

[5] Nietzsche atribuiu a Schopenhauer o papel de educador após diminuir seu entusiasmo por Wagner, que, em *O Nascimento da Tragédia* (1872), tinha sido visto pelo filósofo como um educador para a humanidade moderna europeia. Wagner teria sido, para Nietzsche, até então, o que os artistas gregos foram para a cultura trágica dos gregos: educador da sensibilidade e da autoconsciência para a afirmação da vida. *Cf.* SCHACHT, 1998, p. 319.

natureza dos homens, caracterizados como sendo, em sua maioria, mais preguiçosos do que timoratos, uma vez que temem os seus vizinhos por temerem, antes de mais nada, os aborrecimentos impostos pela total sinceridade do todo único e irrepetível que se é – motivo pelo qual se escondem em costumes e tomam "modos emprestados e opiniões postiças"[6]. Aquele que segue sua consciência, que lhe grita "Sê tu mesmo!"[7], deverá libertar-se, portanto, das "cadeias da opinião corrente e do medo"[8] e matar, na esperança de contribuir para o momento da "autêntica emancipação da vida"[9], o tempo de uma época que, governada pela "raça dos conformistas da opinião"[10], coloca sua salvação nas opiniões recebidas. Mas, ainda que não haja esperança, continua o filósofo, nossa singularidade nos encorajaria a viver "segundo a nossa própria lei e conforme a nossa própria medida"[11], uma vez que "queremos agir como os verdadeiros timoneiros desta vida e não permitir que nossa existência pareça uma contingência privada de pensamento"[12], assumindo, assim, diante de nós mesmos, "a responsabilidade por nossa existência"[13] e a construção do nosso próprio caminho no mundo[14]. É nesse contexto que o filósofo formula, então, a questão: "Mas como nos encontrar a nós mesmos?"[15].

Nietzsche afirma que o encontro consigo mesmo não se dá supondo que seria possível encontrar o homem sem pele debaixo dos invólucros que o encobririam, pois "se a lebre tem sete peles, o homem pode bem se despojar setenta vezes sete peles, mas nem assim poderia dizer: 'Ah, Por fim, eis o que tu és verdadeiramente, não há mais o invólucro'"[16]. Para encontrar a si próprio, trilhar o caminho da interioridade[17] é "uma empresa penosa

---

[6] Co. Ext. III, §1.

[7] *Id.*

[8] *Id.*

[9] *Id.*

[10] *Id.*

[11] *Id.*

[12] *Id.*

[13] *Id.*

[14] Ao afirmar que aquele que busca ser o que é não deve perguntar sobre para onde leva o único caminho pelo qual somente ele pode trilhar, mas apenas trilhá-lo, Nietzsche declara, tal como no *Ecce Homo* mais tarde – num texto que marca precisamente o caminho tomado por Nietzsche para se tornar o que é e que aponta, como veremos no segundo capítulo deste livro, para "o perigo de que o instinto 'se entenda' cedo demais" (EH, Por que sou tão inteligente, §9) – que aquela consciência que clama o imperativo "Sê tu mesmo" não conhece e nem deve conhecer o caminho que deve seguir e muito menos para onde ele conduz.

[15] Co. Ext. III, §1.

[16] *Id.*

[17] A via da interioridade, da reflexão, é, caracteristicamente, a via socrática. *Cf.* GIACÓIA JR., 2012, p. 176.

e perigosa"[18], além de desnecessária, já que "tudo carrega consigo o testemunho daquilo que somos, as nossas amizades e os nossos ódios, o nosso olhar e o estreitar da nossa mão, a nossa memória e o nosso esquecimento, os nossos livros e os traços da nossa pena"[19].

O filósofo afirma que é interrogando-se sobre todos os objetos amados até agora, bem como sobre as coisas pelas quais sentiu-se atraído, dominado e ao mesmo tempo cumulado, que a uma pessoa, passando novamente sob os olhos a série inteira dos objetos venerados até então, pode ser revelada, assim, a lei fundamental de seu verdadeiro eu. "Compare estes objetos, observe como eles se completam, crescem, se superam, se transfiguram mutuamente, como formam uma escada graduada através da qual até agora te elevaste até o teu eu"[20].

Para encontrar o seu eu, a sua essência verdadeira, você deve voltar-se, então, afirma Nietzsche, não para dentro, para baixo, pois sua residência está não "oculta no fundo de ti, mas colocada infinitamente acima de ti, ou pelo menos daquilo que tomas comumente como sendo teu eu"[21]. Nessa medida, esse encontro ocorre como uma conquista[22].

> Teus verdadeiros educadores, aqueles que te formarão, te revelam o que são verdadeiramente o sentido original e a substância fundamental da tua essência, algo que resiste absolutamente a qualquer educação [*Erziehung*][23] e a qualquer formação [*Bildung*][24], qualquer coisa em todo caso de difícil acesso, como um feixe compacto e rígido: teus educadores não podem ser outra coisa senão teus libertadores[25].

---

[18] *Id.*
[19] *Id.*
[20] *Id.*
[21] *Id.*
[22] *Cf.* KOFMAN, 1992, p. 61; GIACÓIA JR., 2004, p. 206; *Idem*, 2012, p. 187.
[23] Hoyer, ao questionar a interpretação de Gerd Schank, segundo o qual, em Nietzsche, os termos educação [*Erziehung*] e cultivo [*Züchtung*] são sinônimos, comenta que *Erziehung*, tal como *Zucht*, é também um ato intencional, mas não diz respeito a várias gerações, como *Zuchtung*, mas ao indivíduo. *Cf.* HOYER, 2003, p. 66.
[24] *Bildung* significa, no sentido estrito, "formação". Significa dois processos inseparáveis: aprendizagem e crescimento pessoal. A aprendizagem não é considerada meio para o crescimento pessoal, mas como sendo constitutiva do desenvolvimento pessoal, como parte integrante de como nos tornamos um ser humano em geral, e um indivíduo específico em particular. *Cf.* BEISER, 1998, p. 285. A formação alcançou o valor supremo no movimento inicial do romantismo alemão, que, diante da questão de como satisfazer as demandas generalizadas para a mudança social e política, *e* não escorregar no caminho do caos perpétuo – como supostamente teria acontecido na França, onde uma reforma política, depois da revolução de 1789, não teria sido acompanhada de uma mudança de atitudes, crenças e costumes –, propôs a *Bildung* como solução *Cf. Id.*, p. 284.
[25] *Id.*

Os educadores, segundo Nietzsche, possuem tanto um papel negativo, de subtrair tudo aquilo que venha a sufocar o eu, quanto positivo, de permitir que o eu possa crescer e advir a si mesmo. Levando em conta esse duplo papel, ele define, metaforicamente, que a formação "é somente libertação, extirpação de todas as ervas daninhas, dos dejetos, dos vermes que querem atacar as tenras sementes das plantas"[26], ou seja: é a emancipação das jovens almas em relação aos grilhões das opiniões correntes – e, com isso, a liberação do caminho de acesso ao caráter fundamental, próprio[27].

O filósofo finaliza a introdução de sua *Terceira Consideração Extemporânea* afirmando que não conhece melhor meio de se encontrar a si mesmo do que "lembrar dos nossos mestres e educadores"[28], particularmente, "o único mestre de quem eu posso me orgulhar, *Arthur Schopenhauer*"[29] (itálico do autor, como em toda citação futura de Nietzsche neste livro). Ora, na medida em que o si mesmo a ser encontrado é revelado pelos educadores, enquanto libertadores da alma em relação às opiniões correntes, lembrar Schopenhauer como educador não parece ser o melhor meio de encontrar a si mesmo senão porque ele é, para Nietzsche, um modelo de liberdade intelectual. Schopenhauer como educador, Schopenhauer como libertador, Schopenhauer como modelo de emancipação espiritual: exemplo educativo de quem encontrou a si mesmo, imagem pedagógica de quem é totalmente si mesmo[30]. Desse modo, uma vez que o melhor meio de encontrar a si mesmo é se lembrar dos mestres enquanto modelos pedagógicos de liberdade, ou seja, uma vez que para conhecer a nós mesmos devemos voltar para aqueles que foram nossos educadores e nossos mestres, nossos modelos[31], o problema de educação referido por Nietzsche como estando presente na *Terceira Consideração Extemporânea* é o problema de como nos encontrar a nós mesmos[32], ou seja, de como nos tornamos o que somos.

---

[26] *Id.*
[27] *Cf.* GIACÓIA JR., 2012, p. 183.
[28] *Id.*
[29] *Id.*
[30] Com a terceira *Extemporânea*, o verdadeiro educador é retratado como mais um estímulo do que um líder a ser seguido ou um paradigma a ser imitado, tal como Nietzsche tinha feito, em *O Nascimento da Tragédia*, com Wagner, uma vez que esse tipo de educador é tudo, menos um instrutor de quem a informação é recebida ou regras e procedimentos são aprendidos. Nesse sentido, são menos importantes para a aprendizagem os pontos de vista de Schopenhauer que os traços admiráveis de sua personalidade a serem imitados. *Cf.* SCHACHT, 1998, p. 319.
[31] *Cf.* KOFMANN, 1992, p. 61.
[32] Problema esse que, aliás, não diz respeito a todos, mas apenas àquelas "jovens almas" com a necessidade, coragem e a capacidade de atender ao chamado para "tornar-se si mesmo". *Cf.* SCHACHT, 1998, p. 320.

1.2 *Wagner em Bayereuth*

Em *Wagner em Bayreuth*, o problema de educação pode ser dedutível da meta de sociedade futura que, segundo Nietzsche, está contida na arte de Wagner. Subvertendo todas as noções de educação e cultura [*Cultur*] ao tocar tanto os ignorantes quanto os eruditos, a arte de Wagner, segundo o filósofo, objetiva, ao estimular os homens modernos "a estar consigo próprios em silêncio"[33], a constituição de "uma sociedade verdadeiramente humana"[34] – e é, para ele, "a garantia de um futuro melhor, de uma humanidade mais livre"[35].

O filósofo não acredita que seja possível que, ao reformar o teatro, colocando em ação os efeitos mais elevados e mais puros da arte teatral, também não sejam inovados "todos os domínios, a moral e o Estado, a educação e o comércio"[36] por meio da transformação e renovação de espectadores preparados e iniciados, "dispostos no futuro a transformar e renovar também em outros domínios da vida"[37]. O poder da arte de Wagner consiste, assim, para Nietzsche, em operar uma transformação no ser de neófitos cheios de disposição revolucionária para transformar todos os aspectos da vida social. A arte wagneriana é vista, desse modo, como um meio pedagógico para a realização de um projeto ou tarefa de sociedade futura, sociedade essa que seria marcada por uma assustadora franqueza ao entoar que

> [...] a paixão vale mais que o estoicismo e a dissimulação, ser sincero, mesmo no mal, é melhor que se render à moralidade da tradição, o homem livre tanto pode ser bom quanto mau, mas o homem submisso é uma vergonha da natureza e não participa de nenhum consolo celeste ou terreno; enfim, cada um que quer se tornar livre deve fazê-lo por si mesmo, a liberdade não cai como um milagre no colo de ninguém[38].

---

[33] Co. Ext. IV, §5.
[34] *Id.*, §8.
[35] *Id.*, §10.
[36] *Id.*, §4.
[37] *Id.*
[38] *Id.*, §10. Nietzsche retomará a maior parte dessa expressão anos depois, em *A Gaia Ciência*, após usar, com um acréscimo, o último verso de uma quadra que Goethe escreveu como epígrafe à segunda parte de *Os sofrimentos do jovem Werther*: "Seja um homem e não siga a mim – mas a si próprio! A si próprio!" (GC, §99) – verso que o filósofo também utilizou na *Segunda Consideração Extemporânea*. O filósofo determina, então, que "nós devemos crescer e medrar a partir de nós mesmos, livres e sem medo, em inocente egoísmo [*Selbstigkeit*]" (*Id.*).

Desse modo, Nietzsche idealiza, em sua última *Extemporânea*, uma sociedade composta por homens de espíritos livres, emancipados da escravidão às opiniões tradicionais. Tal ideal carrega em si, implicitamente, a questão de como se libertar, então, da escravidão espiritual – questão que não é, senão, a de como encontrar a si mesmo. Eis, novamente, assim, o problema lançado em *Schopenhauer Educador* – e, o filósofo explicita, é um problema de educação *de si* ("cada um que quer se tornar livre deve fazê-lo por si mesmo").

O problema de educação de Nietzsche, portanto, é o problema da formação, ou melhor, da autoformação do homem livre, emancipado das opiniões correntes e valorações tradicionais; do homem totalmente sincero, cujas opiniões brotam de si mesmo; do homem que é o que é. Essa mesma questão está inscrita exatamente no subtítulo da última obra do filósofo: "Como alguém se torna o que é".

1.3 O ideal de autenticidade

O problema de como alguém se torna o que é está diretamente relacionado a uma admoestação que já tinha sido colocada por Nietzsche como epígrafe a um trabalho juvenil sobre Teógnis, presente nas *Odes Píticas* de Píndaro (518 a.C. a 438 a.C.): "Torna-te o que és". O conselho de tornar-se o que é surgiu numa época da Grécia antiga em que, pela primeira vez, os poetas passaram a exprimir em nome próprio as suas opiniões. Até então a poesia era utilizada como meio de imposição aos indivíduos do caráter da *polis*, estando, assim, a serviço dos ideais da antiga cultura da *polis* grega, em cuja estrutura o homem era, conforme a fórmula constantemente repetida pelos grandes teóricos áticos do Estado, educado no *ethos* da lei. Expresso objetivamente na lei, o Estado introduzia as suas normas em todos os capítulos da vida reservados anteriormente ao arbítrio de cada um, de modo que até nos assuntos mais íntimos da vida privada e da conduta moral dos cidadãos, Ele, de modo cada vez mais implacável e vigoroso, traçava limites. A súmula da vida mais elevada, que adquiria mesmo a consideração de ser uma qualidade divina, era, para a cidade-estado, a vida em comum. A livre submissão de todos, sem distinção de dignidade ou de sangue, à autoridade da lei, constituía, para o Estado, a virtude dos cidadãos.

As normas ideais que existiam para a elevação da personalidade, e de acordo com as quais o indivíduo era formado, eram aquelas fornecidas pela tradição, segundo o modelo rigoroso dos heróis de Homero[39]. Considerando, no entanto, que as normas dos heróis homéricos não tinham condições de serem sustentadas pelos limites humanos[40], Arquíloco (680 – 645 a.C.) conclamou tanto a desobediência em relação às normas estabelecidas quanto a luta séria, baseada no conhecimento das próprias limitações, para implantar novas normas. Como Arquíloco, Semônides também se contrapôs à exigência moral e jurídica de submeter a vida e a ação a normas ideais comunitárias, e assim o fez expressando sua paixão partidária pessoal. Colocando a vida comunitária em segundo plano, tanto Arquíloco quanto Semônides realizaram um tipo de individualismo, uma manifestação do eu individual, que contrapunha às leis do mundo exterior as suas próprias leis internas, afirmando-se como algo incomum e único. A nova poesia, constituindo-se agora em meio para a autoformação do indivíduo[41], afirmou, então, no lugar da submissão à autoridade da tradição, a autossubmissão às próprias limitações.

O problema de educação expresso nas duas últimas *Considerações Extemporâneas* de Nietzsche e explicitado em sua última obra, na sua relação direta com a admonição de Píndaro para que cada um se torne o que é, pode ser expresso, assim, também, como o problema da formação do homem que impõe a si próprio sua própria lei, sua própria norma. Ora, considerando que o problema de tal formação não é, senão, o problema da formação do homem que constitui uma ética de si – e, com ela, na medida em que o exercício de autoimposição ética dá à existência uma forma, constitui também uma estética de si –, a filosofia da educação de Nietzsche, a partir de *Humano,* apresenta-se, nesse sentido, como uma experiência de constituição de uma ética e uma estética do eu.

A filosofia de Nietzsche não foi, contudo, a primeira a tomar parte no palco, tal como tinha sido inaugurado pela nova poesia grega, da afirmação da autossubmissão às próprias limitações. Podemos encontrar a continuidade dessa asserção já na exortação e ensino de Sócrates para que cada um se preocupe com a sua alma[42].

---

[39] *Cf.* JAEGER, 2010, p. 130-149.
[40] *Cf. Id.*, p. 152-154.
[41] *Cf. Id.*, p. 148-172.
[42] *Cf.* PLATÃO, 1999, 29 D e ss. Sócrates não foi o primeiro a formular uma noção do que Foucault chamou de "cuidado de si". Plutarco conta, num texto tardio, que, à pergunta lançada a Alexândrides, um lacedemônio, sobre o motivo pelo qual os espartanos mesmos não cultivavam seus imensos territórios, confiando-os aos servos, o cidadão de Esparta teria respondido com a afirmação de que queriam "ocupar-se com eles mesmos". *Cf.* FOUCAULT, 1985, p. 41-42. O cuidado de si era concebido, assim, como uma forma de existência ligada

Para Sócrates, a alma, tal como o corpo, na medida em que o espiritual faz parte da *physis* – da maneira como é concebida pela filosofia da natureza do Séc. VI[43] –, também faz parte do cosmos e é por si mesma um cosmos[44]. A concepção de alma de Sócrates introduz uma novidade na ideia de *cosmos*, tal como tinha sido inaugurada nos primórdios da filosofia grega. Em que ela consiste? Consideremos, antes, os seus predecessores.

Tales deu os primeiros passos na senda do conhecimento por uma lei estável do devir eterno da natureza. Em seguida, Anaximandro, discípulo de Tales, ao conceber o acontecer natural como governado pela justiça [*Dike*], descobriu o mundo como um "cosmos" no sentido de uma comunidade jurídica das coisas[45]. Logo depois, Heráclito considerou, depois de Anaximandro, que o homem é um ser cósmico, submetido à lei do cosmos, depositário, em seu próprio espírito, da lei eterna do todo, cuja norma, se quiser participar da mais alta sabedoria, deve fundamentar a sua vida[46]. A doutrina heraclitiana ensina o homem, assim, a seguir, em palavras e ações, as leis e normas cósmicas. Tal como a *pólis*, o universo inteiro, afirma o filósofo de Éfeso, tem a sua lei. Não que Heráclito tenha admoestado os cidadãos para a submissão às normas da *pólis*, mas, sim, ponderado que mais do que conduzir-se na vida de acordo com a lei ou comunidade política da *pólis*, o homem deve, segundo ele, ter uma conduta prática de acordo com a comunidade espiritual do *logos*. Até que então surge Sócrates trazendo uma novidade: a ideia da existência de um cosmos *anímico*. Se em Heráclito a investigação da própria alma leva à consciência das leis cósmicas com base nas quais o homem conduz sabiamente suas palavras e ações, em Sócrates o exame da própria alma possibilita a descoberta da lei ou norma *anímica*, de acordo com a qual o homem pode obter a harmonia entre a sua existência

---

a um privilégio social, político e econômico de um grupo solidário de aristocratas espartanos dedicados ao treinamento físico e guerreiro, uma consequência de um status de poder. *Cf. Id.*, p. 49. Designando as práticas de transformação necessárias no ser do sujeito que permitem o acesso à verdade, o cuidado de si está enraizado em práticas muito antigas, seja da Grécia arcaica, seja mesmo de uma série de civilizações. Sócrates consagrou o cuidado de si enquanto tema de reflexão filosófica, sendo concebido, no *Alcibíades*, não como consequência de um status de poder, mas como uma condição para o jovem passar do privilégio decorrente da participação de um determinado grupo de poder para uma ação política determinada; e, no *Apologia de Sócrates*, como algo a ser ensinado a todo mundo, jovens e velhos. Para saber mais sobre o cuidado de si, ler *Hermenêutica do Sujeito* e *História da Sexualidade III: O cuidado de si*, de Michel Foucault.

[43] O conceito grego de *physis* refere-se tanto ao problema da origem, para além dos limites do que é dado na experiência sensorial, de que tudo nasce e a que tudo retorna, quanto à compreensão, por meio da investigação empírica, do que deriva dessa origem e existe atualmente. Cf. JAEGER, 2010, p. 196.

[44] *Cf. Id.*, p. 534.

[45] *Cf. Id.*, p. 202.

[46] *Cf. Id.*, p. 228.

moral e a ordem natural do universo[47]. No lugar de seguir as normas cósmicas, Sócrates, para aqueles que buscam a felicidade, propõe, desse modo, que cada um descubra a própria norma anímica e procure harmonizá-la com a norma cósmica.

Assim, tal como Píndaro, a mosca de Atenas conclama à autossubmissão às próprias leis, ainda que não da mesma maneira, já que ele opõe essa autossubordinação não à submissão a uma autoridade externa, como Píndaro faz, mas à tirania dos impulsos instintivos, das forças internas. A exortação de Sócrates para que cada um se preocupe com a sua alma é, portanto, uma admoestação para que cada um se ocupe em impor a si próprio a sua própria lei, a sua própria norma.

Platão, recebendo de Sócrates a ideia de que é da alma, e não de um forte poder exterior, que se origina a verdadeira norma obrigatória e irrecusável para todos[48], buscará erguer a política sobre o fundamento da ética a partir da ideia de que não pode haver para a comunidade e para o Estado outro princípio de conduta senão o que vale para a conduta moral do indivíduo[49]. O filósofo ergue, então, um tipo ideal de homem em relação ao qual o Estado perfeito é pensado como a forma de comunidade necessária para conseguir, de acordo com a lei moral que é inata à personalidade humana[50], o seu pleno florescimento. Desse modo, Platão, tal como Sócrates, conclama também, por meio de sua ideia de Estado perfeito, para que cada um se submeta por si mesmo à sua lei própria.

Com a moral do não egoísmo, seja sob a forma cristã de uma obrigação de renunciar a si, seja sob a forma "moderna" de uma obrigação para com os outros[51], o conselho para que cada um examine a si e se submeta à sua própria lei, à sua própria norma, não será mais ouvido – e cairá no olvido. Mas a partir do século XVI, tornar-se-á recorrente um tema a partir do qual serão feitas várias tentativas para reconstruir uma ética e uma estética do eu: o tema do retorno a si[52].

O tema do retorno a si está presente na ideia daquilo que é, na antiguidade, o objetivo comum das práticas de si: a conversão a si [*epistrophé*

---

[47] *Cf. Id.*, p. 535-536. Segundo Jaeger, Sócrates não possuiu, como se poderia apressadamente julgar, um ideal apolítico da pura formação do caráter, mas, sim, partindo da premissa de que toda educação deve ser política, a ideia de uma educação que ensine como estando na personalidade, no caráter moral, a medula tanto da existência humana, em geral, quanto da vida coletiva, em particular. *Cf. Id.*, p. 540.
[48] *Cf. Id.*, p. 573.
[49] *Cf. Id.*, p. 989.
[50] *Cf. Id.*
[51] *Cf.* FOUCAULT, 2006a, p. 17.
[52] *Cf. Id.*, p. 305.

prós heautón]⁵³. A conversão, em Platão, está implicada no conhecimento de si, que toma a forma de apreensão pela alma de seu ser próprio ao olhar para o espelho divino – o princípio do saber e do conhecimento – em cujo reflexo, então, ela se reconhece⁵⁴. Assim, no pensamento do fundador da Academia, a conversão consiste num voltar ao eu para, em um ato de reminiscência das formas puras de um outro mundo, reencontrar a verdade que ele contemplara e o ser que ele é. É assim que, se o discípulo de Sócrates recomenda as práticas do desligar-se das sensações e as do desvincular a alma dos acontecimentos exteriores⁵⁵, é porque elas são, antes de tudo, práticas de autoconhecimento, uma vez que promovem, de acordo com ele, o afastamento da alma em relação ao corpo e, com isso, uma melhor contemplação intelectual de si mesmo no espelho divino. As práticas de si em Platão resultam, assim, numa conversão a si enquanto contemplação intelectual.

Já no período helenístico e romano (com exceção daquelas escolas propriamente platônicas, e, portanto, fiéis à noção platônica de conversão), a conversão é concebida como o movimento do ser que, no voltar-se sobre si, no retirar-se em si, escapando de todas as dependências, de todas as sujeições, e construindo uma relação de autossuficiência consigo, tem como único objetivo alcançar o eu⁵⁶. Ela não é uma postura subjetiva de introspecção, de hermenêutica de si, de objetivação de si num discurso. Retornar a si, no período helenístico e do Alto Império Romano, não é fazer de si mesmo objeto de uma observação introspectiva, mas de concentrar-se em si e de acompanhar-se. Se um filósofo helenista pratica o exercício do retiro e da concentração⁵⁷, por exemplo, ele não visa nenhuma contemplação intelectual, muito menos uma auto-objetivação discursiva, mas uma intensificação da presença para si⁵⁸. Converter, retornar, encontrar, conhecer a si não é se dividir em sujeito que observa e objeto observado que seria preciso descre-

---

⁵³ *Cf. Id.*, 1985, p. 69.
⁵⁴ *Cf.* Id., p. 89.
⁵⁵ *Cf. Id.*, p. 86.
⁵⁶ *Cf. Id.*, 2006a, p. 257-259. No pensamento helenístico e romano, é incerto se o eu para o qual se retorna está dado de antemão, ou se é aquilo que devemos propor como uma meta à qual podemos ter acesso eventual. *Cf. Id.*, p. 262.
⁵⁷ Os exercícios de concentração da alma, bem como o exercício do retiro, são algumas das práticas muito antigas seja da Grécia arcaica, seja mesmo de uma série de civilizações. Essas práticas, acreditava-se, transformam de modo tal o ser do sujeito, que possibilitam o acesso à verdade. A técnica da concentração da alma, por exemplo, impediria a dissipação da alma na morte – e, com isso, permitiria que ela sobrevivesse para ter acesso à verdade, localizada no mundo além da vida. Sobre o debate a respeito da concentração da alma, *Cf.* HADOT, 1999, p. 259-268.
⁵⁸ *Cf.* GROS, 2008, p. 130.

ver e estudar, mas permanecer totalmente presente a si mesmo, vigilante, e estar completamente atento às suas próprias capacidades.

O cristianismo rejeitou o tema do retorno a si, uma vez que o princípio fundamental do ascetismo cristão concebe que a renúncia a si constitui o que permite alguém aceder à verdade e à salvação[59]. A época cristã possui, contudo, um outro modelo de conversão, a *metanoia*, termo que, no entanto, nos textos da Grécia clássica até o período romano, jamais tem o sentido de conversão, mas de mudança de opinião, remorso, arrependimento. Diferentemente da *epistrophé*, a *metanoia* consiste, basicamente, em renunciar a si mesmo e renascer em outro eu totalmente distinto do que o precedeu[60].

Foucault aponta que Nietzsche, juntamente a Schopenhauer – bem como com Stirner, o dandismo, Baudelaire, o pensamento anarquista – compõe

> [...] uma série de tentativas, sem dúvida inteiramente diversas umas das outras, mas todas elas, creio eu, mais ou menos polarizadas pela questão: é possível constituir, reconstituir uma estética e uma ética do eu? A que preço e em que condições? Ou então: uma ética e uma estética do eu não deveriam finalmente inverter-se na recusa sistemática do eu (como em Schopenhauer)?[61].

Uma vez que o problema da formação do sujeito ético, que impõe a si suas próprias leis, que se torna o que é, é, para Nietzsche, um problema de educação, perguntamos: em que consiste, então, a tentativa propriamente nietzscheana de reconstituição de uma ética do eu? Qual é a derradeira filosofia nietzschiana da educação, de acordo com seus textos autobiográficos e, particularmente, com *Ecce Homo*[62]?

Este livro está dividido em três capítulos. No primeiro, traçamos as imagens de Schopenhauer e Wagner nas duas últimas *Extemporâneas* e compreendemos, na análise da crítica que Nietzsche faz à formação de seu tempo, tanto o sentido do conceito de cultura para o qual aquelas imagens servem de indicação quanto o sentido da crítica do filósofo à educação de

---

[59] "Então disse Jesus aos seus discípulos: Se alguém quiser vir após mim, renuncie-se a si mesmo, tome sobre si a sua cruz, e siga-me" (Mateus 16:24).

[60] *Cf.* FOUCAULT, 2006a, p. 263.

[61] *Cf. Id.*, p. 305.

[62] Isso considerando que, tal como afirma Löwith, "é preciso tentar compreender um autor como ele próprio se compreendeu" (LÖWITH, 1985, p. 142). No que concerne a Nietzsche, como bem comenta Burnett, "não há possibilidade de desvincular os prefácios do *Ecce Homo*, ambos partem de uma mesma necessidade: descrever seu autor e sua obra" (BURNETT, 2000, p. 77).

seu tempo. Na segunda parte, traçamos a imagem de Nietzsche, tal como ele a expõe em sua autobiografia intelectual, recorrendo, também, quando for necessário, às obras do período pós-*Humano*. Na terceira e última parte, descrevemos, orientados pelos escritos autobiográficos e percorrendo obra por obra, a ética do eu de Nietzsche. Buscamos compreender, tendo como referência o *Ecce Homo* e os textos autobiográficos, como Nietzsche desdobra o problema de educação e constrói, assim, sua ética do eu. Concluiremos mostrando que o problema de educação está na origem dos principais pensamentos de Nietzsche, de modo que a filosofia e a filosofia de educação do filósofo formam uma unidade inseparável.

2

AS IMAGENS DE SCHOPENHAUER E DE WAGNER

As *Considerações Extemporâneas* ("*David Strauss: O devoto e o escritor*", "*Da utilidade e desvantagem da história para a vida*", "*Schopenhauer Educador*" e "*Wagner em Bayreuth*") formam uma unidade, como o próprio Nietzsche indicou em *Ecce Homo* ao tratá-las num só capítulo. Segundo o filósofo, as duas primeiras obras fazem uma crítica – a primeira, contra a formação alemã, e a segunda, contra o funcionamento da ciência de sua época –; já as duas últimas oferecem figuras exemplares de "amor de si, disciplina de si"[63]. Com a primeira metade das *Extemporâneas*, a crítica é feita no sentido de apontar para a ausência da cultura; com a segunda metade, as imagens de Schopenhauer e Wagner são levantadas como indicações para "um *mais elevado* conceito de cultura, para recuperação do conceito 'cultura'"[64]. Portanto, essas imagens têm uma função indicativa, de apontar para um conceito de cultura que Nietzsche considera mais elevado, e que até então estava perdido.

2.1 *David Strauss: O devoto e o escritor*

O conceito de cultura foi primeiramente exposto em sua primeira *Consideração Extemporânea: David Strauss: O devoto e o escritor* (1873). Nela, o jovem Nietzsche aponta o erro da opinião pública de considerar a vitória militar da Alemanha na recente guerra contra a França como uma vitória também da cultura alemã, uma vez que a Alemanha continuava dependendo da cultura francesa como anteriormente. Confundindo *formação* com posse de muitos saberes, muitos conhecimentos, e *cultura* como imitação e exposição desconexa dos produtos e curiosidades de todos os tempos e lugares, os alemães, segundo Nietzsche, equivocam-se ao falar "da vitória da formação e cultura, equívoco baseado no fato de que na Alemanha perdeu-se o verdadeiro conceito da cultura"[65]. E em que consiste esse dito verdadeiro conceito de cultura?

---

[63] EH, As Extemporâneas, §1.
[64] *Id.*
[65] Co. Ext. I, §1.

> Cultura é, antes de tudo, a unidade de estilo artístico em todas as manifestações da vida de um povo[66]. Mas ter muitos saberes e ter aprendido muito não é nem um meio de cultura nem um signo da mesma, e muitas vezes é muito bem acompanhado com o contrário da cultura, a barbárie, isto é: a falta de estilo ou a confusão caótica de todos os estilos[67].

É munido com esse conceito de cultura que Nietzsche ataca, então, o "filisteu da cultura [*Bildungsphilister*]"[68], aquele que acredita ser um "homem da cultura [*Kulturmensch*]" e "que sua "formação" é justamente a mais completa expressão da rica cultura alemã"[69], quando ele não é, senão, apenas um homem "instruído [*Belehtheit*]" cuja formação expressa a falta de "uma cultura alemã original"[70]. Segundo Nietzsche, o filisteu da cultura, observando que "em todas as partes encontra homens cultos [*Gebildete*] como ele"[71] e que "todas as instituições públicas, escolas, estabelecimentos de ensino e de arte estão organizados de acordo com esta formação [*Gebildetheit*]"[72], acaba por concluir, então, que "esta uniformidade de todos os "cultos" [*Gebildete*] é a unidade de estilo da formação alemã, da cultura alemã"[73]. É na qualidade de filisteu e pregador da "cultura de filisteu [*Philister-Kultur*]"[74], produzida por uma educação baseada no acúmulo de saber e conhecimento, que David Strauss é criticado. O alvo de ataque de Nietzsche, portanto, como o filósofo bem explicitou em *Ecce Homo,* é, não Strauss, mas, por meio dele, a "formação alemã"[75]:

---

[66] Esse conceito de cultura parece ter uma dívida com Burckhardt, que, como Nietzsche, também ensinou na Basiléia. *Cf.* LARGE, 2000, p. 21.

[67] *Id.*

[68] *Id.*, §2. Nietzsche reivindicou a paternidade dessa expressão em vários escritos, como no prefácio ao segundo volume de *Humano Demasiado Humano* bem como no capítulo sobre as Intempestivas, em *Ecce Homo*. O termo "filisteu" já era bastante empregado, de forma pejorativa, nos meios universitários do século XVIII. Schlegel e Novalis, em sua crítica ao hedonismo dos utilitaristas ingleses e dos filósofos Franceses, tinham chamado o estilo de vida da sociedade burguesa moderna de *filistinismo*. O filisteu, disse Novalis, dedica-se a uma vida de conforto. Ele transforma a sua vida numa rotina repetitiva, e em conformidade com a convenção moral e social, apenas para que possa ter uma vida fácil. Se ele valoriza a arte, é apenas para entretenimento, e se ele é religioso, é apenas para aliviar seu sofrimento. *Cf.* BEISER, 1998, p. 286. A figura do filisteu foi analisada por Brentano e Heine, que nela descobriram a baixeza do espírito humano sem qualquer propósito mais elevado para a sua existência fora de seu estilo de vida burguês, marcado pelo apego aos bens materiais. Com um código moral restritivo e incapaz de apreciar as artes, o filisteu é a caricatura do homem que mede as riquezas culturais com a mesma balança onde pesa as riquezas materiais. *Cf.* ANDLER, 1958, T. 1, p. 501.

[69] Co. Ext. I, §1.

[70] *Id.*

[71] *Id.*, §2.

[72] *Id.*

[73] *Id.*

[74] *Id.*, §8.

[75] EH, As extemporâneas, §1.

> [...] nunca ataco pessoas – sirvo-me da pessoa como uma forte lente de aumento com que se pode tornar visível um estado de miséria geral, porém dissimulado, pouco palpável. Assim ataquei David Strauss, ou mais precisamente o sucesso de um livro senil junto à "formação" alemã – apanhei essa formação em flagrante...[76].

2.2 Sobre o futuro de nossos estabelecimentos de formação

Em 1872, Nietzsche já tinha feito uma abordagem sobre a formação alemã quando, na Sociedade Acadêmica da Basileia, pronunciou as conferências intituladas *Sobre o futuro de nossos estabelecimentos de formação* [*Ueber die Zunkunft unserer Bildungsanstalten*]. Nelas, o jovem filósofo tratou, como tema principal, dos "problemas de formação e educação"[77] das instituições de ensino da Alemanha[78], e defendeu a necessidade de transformar a formação e educação pública da época por meio da criação, ao lado das instituições voltadas para as "necessidades da vida [*Anstalten der Lebensnot*]"[79] e estruturadas de acordo com um modelo de ensino técnico-científico (como os ginásios, escolas técnicas e universidades), de "estabelecimentos de formação [*Anstalten der Bildung*]", voltados às questões da filosofia e da arte, e estruturados de acordo com um modelo de ensino clássico[80].

---

[76] EH, Por que sou tão sábio, §7.

[77] EE, §1.

[78] Segundo Giorgio Colli, o tema central das conferências, dirigidas a Burckhardt (que de fato as ouviu), é a contraposição burckhardtiana entre cultura e Estado, a inimizade radical que existe entre essas duas potências. Transportando a perspectiva de Burckhardt para o presente, Nietzsche faz ver a tendência a uma total subordinação da cultura ao Estado. *Cf.* COLLI, 2000, p. 42.

[79] EE, §4.

[80] Os problemas de educação e formação das instituições de ensino da Alemanha constituíram uma preocupação que se tornou parte do ofício do filólogo desde que Friedrich August Wolf, no começo do século XIX, estabeleceu a filologia como disciplina científica. Desde a reforma no ensino secundário, iniciada por Wolf sob a inspiração dos neo-humanistas, o filólogo passou a ser o promotor tanto de uma ciência da Antiguidade [*Altertumswissenschaft*] quanto de um programa pedagógico. *Cf.* MARTON, 2008, p. 29. Tornou-se tarefa do filólogo, entre outras coisas, assim, tratar de problemas de educação relacionados com as instituições de ensino. Contudo, em torno de 1830, o ideário neo-humanista deixou de ser adotado no âmbito dos estabelecimentos alemães de ensino, de modo que o filólogo deixou de respirar a atmosfera do espírito que o criou e sob o qual justificou seu papel de promotor de um programa pedagógico. Tal ideário não era mais interessante ao projeto industrial alemão do que a reforma liderada por Wilhelm von Humbolt sobre o sistema de ensino prussiano. Humbolt criou não apenas a universidade de Berlim (1810), mas também vários centros universitários a partir do princípio da união entre ensino e pesquisa, princípio esse que estava completamente sintonizado com o projeto industrial alemão, ancorado, por sua vez, na união entre ciência e técnica, ou seja, no emprego de métodos e teorias da ciência na resolução de problemas técnicos. Não foi de se espantar, assim, que em meados do século XIX, a Alemanha tenha passado por uma reviravolta tecnológica, o que permitiu que ela se tornasse uma potência industrial emergente. Ao projeto industrial alemão foi conveniente, pois, o sistema de ensino prussiano, que, em 1830, já tinha abandonado completamente o ideário dos neo-huma-

Ao perceber a existência, na época, de duas tendências pedagógicas, uma que defendia a ampliação da formação para a massa e outra que defendia a redução da formação para os eruditos, e notar que a primeira estava bem de acordo com a necessidade do Estado e da Indústria de formar inteligências a serviço da propriedade e do lucro, e que a segunda não era senão reflexo da divisão de trabalho encontrada na indústria[81], o jovem professor observou que, em ambos os casos, a ideia de formação estava contaminada pelo espírito utilitário. Desse modo, a observação de Nietzsche, em suas conferências sobre a formação alemã consistiu em apontar que os estabelecimentos que deveriam ser responsáveis pela formação – considerando que a formação, para ele, "só tem início numa atmosfera que está muito acima deste mundo das necessidades, da luta pela existência, da miséria"[82] – estavam sendo animados pelo espírito utilitário, e, com isso, eram incapazes de realizar, justamente, a formação. Afinal,

> [...] toda educação que deixa vislumbrar no fim de sua trajetória um posto de funcionário ou um ganho material não é uma educação para a formação, tal como a compreendemos, mas simplesmente uma indicação do caminho que podem percorrer para o indivíduo se salvar e se proteger[83].

2.3 Da utilidade e desvantagem da história para a vida

Em *Da utilidade e desvantagem da história para a vida* (1873), Nietzsche compreende o tipo de formação pelo qual a sua época se orgulha, a *formação histórica* – aquela na qual a história é tornada soberana e pensada como ciência pura, fora do âmbito de sua utilidade para a vida –, como "um mal, um defeito, uma carência"[84]. Tal compreensão se dá a partir da percepção do perigo quanto à maneira de fazer ciência em sua época. Segundo ele, a formação histórica, ao partir da exigência de que "a história deve ser ciên-

---

nistas. No começo da década de 1870, quando Nietzsche proferiu as citadas conferências, o então novo Estado contava com importantes universidades e institutos politécnicos, nos quais o aprendizado teórico estava fortemente ligado aos problemas da indústria. Agora, com a proliferação dos institutos profissionais e escolas técnicas, e com o esfacelamento das universidades em cursos especializados, a educação ficou completamente atrelada às exigências dos interesses econômicos do Estado e da indústria. Cf. BRAGA, 2008, p. 17.

[81] Pois o erudito, segundo a arguta análise de Nietzsche, ao se consagrar a uma especialidade muito particular, acaba se assemelhando a "um operário de fábrica que, durante toda sua vida, não faz senão fabricar certo parafuso ou certo cabo para uma ferramenta ou uma máquina determinadas, tarefa na qual ele atinge, é preciso dizer, uma incrível virtuosidade" (EE, §1).

[82] *Id.*, §4.

[83] *Id.*

[84] Co. Ext. II, Prefácio.

cia"[85], ciência *pura*, faz com que o indivíduo, ao invés de ser estimulado a recorrer à história enquanto um vivente que ousa confiar em si mesmo e a buscar no passado apenas aqueles saberes que são pertinentes aos seus instintos, seja obrigado a abrir todas as portas da sua memória ao "estranho e incoerente"[86], abrigando em si um caos de saberes históricos, e um caos adoecedor[87], porque, de acordo com o filósofo, os homens, no que diz respeito à história, só se tornam saudáveis, fortes e frutíferos se são capazes "de traçar um horizonte em torno de si"[88]. No entanto, na contramão dessa "lei universal", o homem moderno, engolindo sempre mais saberes de diversas épocas e lugares, vê, então, o seu horizonte se deslocar, o seu campo de investigação histórica se ampliar, e, assim, o limite saudável de saberes históricos desaparecer. Os saberes históricos são engolidos sem fome, sem uma profunda e verdadeira necessidade, e, por isso, não são digeridos, *incorporados*, de modo que o homem "afunda em si mesmo, no seu interior, que aqui não significa apenas: confusão acumulada do que foi aprendido – não se produz nenhum efeito no exterior, a instrução não se torna vida"[89].

O afundamento do homem em si mesmo significa confusão acumulada do que foi aprendido porque os saberes históricos ingeridos pelo homem moderno "encontram-se em luta uns com os outros, e parece necessário subjugá-los e dominá-los todos, a fim de não perecer em meio à sua luta"[90]. Assim, o homem moderno acumula uma confusão *contraditória*, *antagônica* de saberes. Justamente porque essa contradição, esse antagonismo no interior do homem, é produto da formação histórica, o filósofo propõe a aniquilação "deste modelo moderno de formação em favor de uma verdadeira formação"[91].

O afundamento do homem em si mesmo também significa que o saber da formação histórica não produz nenhum efeito no exterior, *para fora*, ou seja, ele não se reflete no exterior do homem, não se expressa no seu modo de vida, porque a formação histórica não permite "que se chegue a um efeito

---

[85] *Id.*, §4.
[86] *Id.*
[87] Mais tarde, em *Genealogia da Moral*, o filósofo afirmará que "a escrita moderna da história inteira" (GM, III, 26) é um sintoma da vida declinante. Nesse sentido, após *Assim Falou Zaratustra*, o filósofo indicará, portanto, que a formação histórica pode ser não a causa, mas apenas um sintoma da degeneração da vida. *Cf.* MÜLLER-LAUTER, 2009, p. 103.
[88] *Id.*, §1. Em *Além de Bem e Mal* (1886), Nietzsche reafirmará que "a necessidade de horizontes limitados, [...] o estreitamento de perspectivas" são "condição de vida e crescimento" (BM, §188).
[89] Co. Ext. II, §5.
[90] *Id.*
[91] *Id.*, §4.

no sentido próprio, a saber, a um efeito sobre a vida e a ação"[92]. Os saberes históricos não surtem efeito algum sobre a vida, sobre o vivente, no interior do qual eles se acumulam sem que se veja seus reflexos no exterior: o conteúdo não se expressa na forma, a interioridade não se manifesta no exterior – tudo, inclusive o caráter e o modo de ser próprio do homem (supondo que o homem moderno os tenha), está profundamente escondido em seu interior. "O indivíduo retraiu-se na interioridade, fora não se nota mais nada dele, o que nos dá o direito de duvidar se é possível que haja causas sem efeito!"[93].

E é, justamente, pensando, por meio da aniquilação da formação moderna, na aniquilação da oposição entre forma e conteúdo, entre interioridade e convenção, numa instrução que se torne vida, que Nietzsche almeja, mais que a reunificação política, a *"unidade alemã"*, a "unidade de espírito e da vida alemães"[94], ou seja, a constituição de homens nos quais não haja divisão entre forma e conteúdo, entre interior e exterior, saber e vida: homens verdadeiros, honestos, sinceros, que mostram-se como são, que são o que são. Porque a história, como ciência pura, expulsou os instintos, tornando o homem covarde e inseguro, "ninguém mais ousa aparecer como é, mas se mascara como um homem culto, como erudito, como poeta, como político"[95]. Daí porque o filósofo comenta: "Estranho! Poder-se-ia pensar que a história, sobretudo, encorajaria um homem a ser *sincero* – mesmo que fosse apenas para ser um louco sincero; e este sempre foi seu efeito, só que agora não é mais!"[96]. A formação histórica, assim, faz com que o homem perca seus instintos e, sem a segurança que eles lhe dão, torne-se covarde, inseguro – e, com isso, falso, inverídico, insincero. Como a formação histórica adoeceu o homem, expulsou seus instintos, tornando-o covarde e, por isso, insincero, o modelo da "verdadeira formação", para Nietzsche, deve ser, portanto, acompanhado de uma reflexão "sobre o modo como a saúde de um povo, perturbada pela história, pode ser restabelecida, como ele poderia reencontrar seus instintos e, com isso, sua honestidade"[97].

---

[92] Id. Somente, no máximo, a uma "crítica" por parte daqueles que, "formados historicamente", incapazes de fazer história por si mesmos – e mesmo de sonhar com a possibilidade de um acontecimento artístico qualquer –, tomam distância daqueles ocorridos e, sem que sintam qualquer efeito deles sobre suas vidas, comparam, dissecam, recortam seus autores, que, em seguida, são recompostos, advertidos e corrigidos no todo. Resultado: "tudo permanece como antes" (*Id.*, §4).
[93] *Id.*, §5.
[94] *Id.*, §4.
[95] *Id.*, §5.
[96] *Id.*
[97] *Id.*, §4.

O homem moderno, dividido em forma e conteúdo, não pode constituir cultura, uma vez que suas expressões de vida não possuem unidade de estilo artístico, e muito menos honestidade. Portanto, para o filósofo, a "formação moderna", a "formação histórica", a "formação alemã", ao produzirem homens divididos e falsos, inviabilizam a cultura. Daí sua consideração de que "o alemão não tem cultura devido à sua educação"[98], ou seja, devido a um ensino que não é dirigido para a constituição do "homem de cultura", para a cultura. Essa educação, na falta da cultura como finalidade, acabou estabelecendo como meta não "o homem culto livre [*frei Gebildete*], mas o erudito, o homem de ciência"[99]. Segundo o filósofo, enquanto tornam-se úteis trabalhando na "fábrica da ciência"[100], e mais úteis ainda ao dividirem seu trabalho em conjunto, dispondo-se a carregar, armazenar e ordenar saberes sem qualquer relação com uma necessidade pessoal[101], os jovens estudantes deixam de amadurecer suas personalidades, de constituir uma unidade – e acabam, assim, somando-se à barbárie[102].

Todos esses elementos permitem compreender o que Nietzsche afirmou em *Ecce Homo* sobre a *Segunda Consideração Extemporânea*:

> A *segunda* Extemporânea (1874) traz à luz o que há de perigoso, de corrosivo e contaminador da vida em nossa maneira de fazer ciência: a vida *enferma* desse desumanizado engenho e maquinismo da *"impessoalidade"* do trabalhador, da falsa economia da "divisão do trabalho". A *finalidade* se perde, a cultura – o meio, o moderno funcionamento da ciência, *barbariza*...[103]

---

[98] *Id.*, §10.

[99] *Id.*

[100] *Id.*, §7.

[101] Assemelhando-se, escreve sarcasticamente Nietzsche, a galinhas que, impelidas a colocar ovos rápido demais, "só conseguem cacarejar mais do que nunca porque põem ovos mais frequentemente: é certo que os ovos também foram se tornando cada vez menores (por mais que os livros tenham se tornado cada vez mais grossos)" (Co. Ext. II, §7).

[102] Opinião que não mudou durante toda a existência lúcida do filósofo desde então, tal como indica o que Nietzsche, em 1888, escreveu em *Crepúsculo dos Ídolos*: "Nos últimos dezessete anos não me cansei de enfatizar a influência desespiritualizante de nossa atual prática da ciência. A dura vida de hilotas, a que a enorme extensão das ciências condena hoje em dia cada um, é um dos motivos principais por que naturezas de compleição mais rica, mais plena, mais *profunda* já não acham educação e *educadores* que lhes sejam adequados. Nada prejudica mais nossa cultura do que o excesso de pretensiosos mandriões e humanidades fragmentárias; nossas universidades são, a contragosto, verdadeiras estufas para tal espécie de atrofia dos instintos do espírito" (CI, O que falta aos alemães, §3).

[103] EH, As Extemporâneas, §1.

Ou seja, é um perigo para a vida, como o filósofo realmente afirmou na *Segunda Extemporânea*, acumular e ordenar, inclusive dividindo o trabalho em conjunto, saberes sem qualquer relação com as necessidades próprias de cada um, pois o resultado é uma divisão entre forma e conteúdo. Uma vez que não há constituição de unidade de estilo, a formação alemã perde a cultura como finalidade.

No final dessa *Extemporânea*, por fim, Nietzsche utiliza como alegoria o exemplo dos gregos antigos, afirmando terem sido eles homens que não só aprenderam a "organizar o caos de formas e conceitos estrangeiros"[104] como também, ao voltarem, conforme a doutrina délfica do "conhece-te a ti mesmo", para si próprios, "apossaram-se novamente de si mesmos"[105] e tornaram-se "os mais felizes enriquecedores e proliferadores do tesouro herdado e os primogênitos e modelos de todos os povos de cultura vindouros"[106]. Ele conclama que, tal como os gregos, cada um organize "o caos em si"[107]; oponha seu caráter verdadeiro "ao que repete o já dito, o já aprendido, o já copiado"[108]; compreenda que "a cultura também pode ser outra coisa do que *decoração da vida*, o que no fundo significa ainda sempre dissimulação e disfarce, pois todo adorno oculta o adornado"[109]; e descubra, assim, "o conceito de cultura como uma *physis* nova e aprimorada, sem dentro e sem fora, sem dissimulação e convenção, como uma unanimidade entre vida, pensamento, aparência e querer"[110]. Desse modo, o homem de cultura não é, para Nietzsche, aquele produto da formação alemã, cindido entre saber e vida, mas, ao contrário, é aquele cuja natureza é transformada no sentido de se tornar alguém cujo ser se manifesta plenamente na aparência, cujo querer se realiza plenamente na ação e cujo saber se reflete em seu modo de viver – ou seja, é alguém sincero, honesto, verdadeiro, que é o que é.

---

[104] Co. Ext. II, § 10.

[105] *Id.*

[106] *Id.* Tal consideração reedita uma conclamação, que tinha sido feita nas conferências *Sobre o futuro dos nossos estabelecimentos de ensino* ao denunciar a influência do estrangeiro sobre o espírito alemão, de renovação e purificação da cultura alemã por meio da expressão de "nostalgia angustiante pelos Gregos" (EE, §3). Considerando, nessas conferências, que a antiguidade grega e romana "é o imperativo categórico concreto de qualquer cultura" (*Id.*), Nietzsche fez eco ao clamor entoado em meados do século XVIII por Winckelman, teólogo e historiador da arte clássica, o primeiro de uma série de intelectuais e artistas alemães que, obsedados pela "nostalgia da Grécia", estavam convencidos da importância dos gregos antigos para a constituição da própria Alemanha. *Cf.* MACHADO, 2006, p. 14.

[107] Co. Ext. II, § 10.

[108] *Id.*

[109] *Id.*

[110] *Id.*

2.4 A imagem de Schopenhauer

Em *Schopenhauer Educador* (1874), a noção de cultura aparece com uma roupagem ou expressão schopenhaueriana: como uma transformação do sujeito em *santo* e em *gênio*[111]. Essa noção surge no contexto em que o filósofo escreve sobre um dos perigos constitutivos pelos quais, segundo ele, Schopenhauer teria passado antes de se constituir num modelo de liberdade: o perigo do endurecimento moral e intelectual.

Partindo da consideração de que todo homem se enche de nostalgia e melancolia ao encontrar em si um limite tanto dos seus dons intelectuais quanto de seu querer moral, Nietzsche afirma que é na aspiração pela genialidade, de um lado, e pela santidade, de outro, que se enraíza a verdadeira cultura, entendida como "a nostalgia do homem que quer *renascer* como santo e como gênio"[112]. Segundo o filósofo, o perigo de endurecimento moral e intelectual ocorre justamente naqueles eruditos que, não possuindo qualquer desejo de transformação de si em gênio e em santo, acabam criando obstáculos para o desenvolvimento de uma cultura em gestação e da criação do gênio, "que é o objetivo de toda cultura"[113]. Porque não tem aspiração pela transformação do seu ser, a singularidade de um erudito coagula-se, tornando-se, então, um "átomo indivisível, incomunicável, uma pedra congelada"[114], dura, rígida, incapaz de mutação, o que arruína, estraga o seu eu. Desse modo, sem poder renascer como gênio e como santo, o eu deixa "de ser fecundo, de procriar"[115], de favorecer "o nascimento do homem verdadeiro"[116], tornando-se, dessa forma, estéril e, com isso, nocivo à cultura[117].

A imagem de Schopenhauer é levantada por Nietzsche tanto a partir daquilo que ele escreveu quanto do seu modo de vida. Erigida logo nas

---

[111] Schopenhauer distingue como tipos superiores de homem o gênio e o santo, além do compassivo. A superioridade desses tipos deve-se ao fato de que, por uma graça da natureza, eles possuem um excesso tal de inteligência que os permite se libertarem da afirmação da vontade, o que não acontece com o homem vulgar e os animais, nos quais o intelecto é mero instrumento da vontade, voltada unicamente para querer existir, viver bem e se propagar. *Cf.* SCHOPENHAUER, 2005.

[112] Co. Ext. III, §3.

[113] *Id.*, §3.

[114] *Id.*

[115] *Id.*

[116] *Id.*, §6.

[117] Como vimos, Nietzsche afirmou, na *II Consideração Extemporânea*, *e* em defesa da cultura, do homem de cultura como finalidade da formação, a necessidade de uma luta contra a erudição, o homem de ciência, de ciência *pura*, elevado, na sua época, em ideal na *"formação histórica juvenil do homem moderno"* (Co. Ext. II, §10).

primeiras partes da obra, essa imagem ganha forma ao longo da sequência de uma série de problemas e considerações expostos pelo filósofo a partir de suas preocupações sobre sua educação.

Nietzsche escreve que o que mais o preocupou na juventude foi encontrar no momento propício "um filósofo como educador"[118]. Ele se perguntava pelos princípios que seu educador poderia adotar para sua educação, e também pelo que diria das duas máximas da educação em voga na sua época: uma que exige que o educador dirija todas as energias para um único centro ou ponto forte que possa, então, amadurecer e fecundar; e outra que exige que o educador disperse as energias cultivando uma relação harmoniosa entre todas as forças existentes. Considerando que a totalidade harmônica é produto da "preponderância imperiosa e soberana"[119] de uma força central, Nietzsche determinou, então, como parte da tarefa propriamente pedagógica, que cabe ao educador descobrir a força central, e, também, impedir que ela destrua as outras forças. Exprimindo-se com um vocabulário astronômico, ele afirma, em resumo, que a tarefa do seu educador deveria consistir "em transformar todo homem num sistema solar e planetário que me revelasse a vida, e em descobrir a lei da sua mecânica superior"[120].

O filósofo narra, em seguida, que, na falta de tal educador, ele experimentava ora uma, ora outra dessas máximas, e ponderava a pequenez dos homens modernos "em relação à seriedade ou à severidade na concepção das tarefas da educação"[121], satisfeitos que estão com "a indigência, meio-avarenta, meio-descuidada, de suas exigências enquanto educadores e mestres"[122] – uma vez que não se encontra na Alemanha um educador para realizar os desejos mais simples e elementares, como o de formar um orador ou um escritor, e muito menos para realizar a difícil "tarefa de educar um homem para fazer dele um homem"[123]. E a ausência tanto de modelos quanto de reflexões morais em sua época – bem como a abstração de qualquer educação moral pelas escolas e pelos mestres – é, para ele, o testemunho mais importante ainda da ausência de qualquer educação superior alemã[124].

---

[118] Co. Ext. III, §2.
[119] Id.
[120] Id.
[121] Id.
[122] Id.
[123] Id.
[124] Até o seu último ano de vida lúcida, Nietzsche parece ter mantido, a esse respeito, o mesmo pensamento sobre a educação alemã tal como, desde suas *Conferências* e passando pelas duas primeiras *Extemporâneas*, ele a vinha abordando,

A explicação que Nietzsche dá à estiagem das forças morais em sua época é a incerteza do homem moderno entre a moral cristã e a dos antigos, entre a dissimulação e a honestidade. Essa indecisão engendra, ele escreve, "uma inquietude, uma confusão na alma moderna, que a condena a ser estéril e sem alegria"[125]. Apesar da alta necessidade de educadores morais, o filósofo observa, é baixa, no entanto, a probabilidade de encontrar

> [...] como educador um verdadeiro filósofo, capaz de elevar alguém acima da insuficiência da atualidade e de ensinar novamente a ser simples e honesto no pensamento e na vida, e, portanto, intempestivo, no sentido mais profundo da palavra[126].

Foi nesse contexto, numa situação na qual, de acordo com a narrativa feita até aqui, Nietzsche, na busca por um filósofo educador, vacilava entre as máximas de educação da época e sentia-se angustiado pela falta de uma educação moral filosófica justamente numa época da Alemanha que, de acordo com a avaliação do filósofo, mais necessitava de educadores morais – e na qual, no entanto, menos probabilidade havia de encontrá-los –, que ele tomou conhecimento de Schopenhauer. Schopenhauer foi, para o filósofo, assim, a agulha de ouro no palheiro moral da Alemanha.

Declarando-se leitor atento de Schopenhauer, Nietzsche afirma não ter encontrado nenhum paradoxo na obra do pessimista, e diz que essa tal ausência indica que seu autor não quis aparecer – uma vez que paradoxos, por não inspirarem confiança, são formulados sem segurança e com desejo de "brilhar, seduzir e sobretudo aparecer"[127]. O filósofo faz, assim, a partir da sua leitura das obras de Schopenhauer, uma radiografia psicológica do querer de Schopenhauer, e não encontrando nele nenhum desejo de aparecer, traça uma linha da imagem do negativo de seu, então, considerado mestre, um traço da imagem do que ele *não* é: inseguro e enganador.

---

como vimos. Em *Crepúsculo dos Ídolos*, de 1888, o filósofo escreve: "O que as 'escolas superiores' da Alemanha realmente alcançam é um brutal adestramento, a fim de, com a menor perda possível de tempo, tornar útil, *utilizável* para o Estado um grande número de homens jovens. 'Educação superior' e *grande número* – duas coisas que se contradizem de antemão. Qualquer educação superior pertence apenas à exceção: é preciso ser privilegiado para ter direito a tão elevado privilégio. [...] O que *determina* o declínio da cultura alemã? O fato de 'educação superior' não ser prerrogativa – o democratismo da 'formação' tornada 'geral', *vulgar*... [...] A ninguém mais é dado, na Alemanha de hoje, proporcionar aos filhos uma educação nobre: nossas escolas 'superiores' são todas direcionadas para a mais ambígua mediocridade, com seus professores, planos de ensino, metas de ensino. São um escândalo os nossos ginásios abarrotados, nossos sobrecarregados, estupidificados professores ginasiais" (CI, O que falta aos alemães, §5).

[125] Co. Ext. III, §2.
[126] *Id*.
[127] *Id*.

Schopenhauer escrevia para si mesmo, afirma Nietzsche, e se há um ouvinte para quem ele fala, "que se pense num filho instruído por seu pai"[128]. Ele faz "um discurso correto, rude e benevolente"[129], manifestando

> [...] um ar sempre igual e fortificante, aqui reinando uma certa desenvoltura, um certo natural inimitáveis, como só os possuem os homens que se encontram no íntimo de si mesmos[130].

Desse modo, percebendo que Schopenhauer escreve para e por si mesmo, e não para chamar atenção, Nietzsche traça a imagem positiva de um homem sincero. Ademais, o equilíbrio e a tonificação da atmosfera discursiva de Schopenhauer, bem como o desembaraço expressivo do filósofo, indicam que ele é um homem franco, espontâneo, sem artifício. Daí Schopenhauer não lembrar ao filósofo nem o modo de escrever do erudito, rígido e afetado, nem o estilo francês de escrita, flexível e elegante, mas Goethe, simples e veraz na maneira de dizer o profundo, sem retórica, nem pedantismo. Schopenhauer, evitando o uso de um estilo empolado, de rebuscamentos estéticos[131], é, para Nietzsche, perspicaz de modo singelo, autêntico, natural, sem maneirismos – características que dão testemunho de que ele encontrou a si próprio, apossou-se de si mesmo.

Outra qualidade de Schopenhauer é "uma serenidade que torna realmente sereno"[132]. Uma vez que, segundo Nietzsche, "não há serenidade senão lá onde há vitória"[133], Schopenhauer é sereno porque, amando o que há de mais vigoroso e desejando sabiamente o belo, pensou com mais profundidade e venceu "pelo pensamento o que há de mais difícil"[134]. Como vitorioso, e, portanto, amante da força e da beleza, fala de forma segura e sem comentar os outros, movendo-se e vivendo com autenticidade. Trata-se, portanto, daquela serenidade do homem que é seguro de si, isento de receios, autoconfiante, após triunfar, por meio do pensamento, sobre suas dores e sobre o que havia de mais terrível em si mesmo.

---

[128] Id.
[129] Id.
[130] Id.
[131] Schopenhauer teria, assim, aquilo que é encontrado também em Platão, o étymos logos, a linguagem autêntica, propriamente filosófica, que é "nua de todo ornamento, de todo aparato, de toda construção ou reconstrução" (FOUCAULT, 2010, p. 286).
[132] Co. Ext. III, §2.
[133] Id.
[134] Id.

Por fim, Schopenhauer é constante. "Sua força cresce reta e ligeira como uma chama no ar tranquilo, certa de si, sem tremer, sem inquietude"[135]. É um homem, portanto, sem agitação, nem instabilidade, demonstrando, assim, completo domínio de si.

Nietzsche relata que, no encontro com Schopenhauer, pressentia ter encontrado o educador e o filósofo que tinha tanto tempo procurado ao deparar com tal "ser inteiro, coerente, móvel nos seus próprios eixos, isento de hesitação e de entraves"[136]. O filósofo comentou que considerou esse encontro, entretanto, deficiente, pois foi mediado pelo livro – de modo que se esforçou "cada vez mais para ver através do livro e para representar o homem vivo"[137]. Dessa maneira, apesar de ter feito uma série de inferências sobre o ser do famoso pessimista a partir daquilo que ele escreveu, Nietzsche não considera Schopenhauer educador devido *apenas* ao conteúdo dos seus escritos. Schopenhauer educa, para ele, desse modo, não *somente* pelo seu sistema de pensamento, enquanto metafísico, mas, fundamentalmente, pelo modo como viveu, enquanto pessoa.

Dizendo estimar o filósofo que dá o seu exemplo não unicamente pelos livros, mas pela vida real – "pela expressão do rosto, pela vestimenta, pelo regime alimentar, pelos costumes, mais ainda do que pelas palavras e sobretudo mais do que pela escrita"[138] –, e que a liberdade de um espírito ou sua autonomia adquirida não é possível quando se está atrelado à Universidade, submetido aos governantes, obrigado a salvar as aparências de uma fé religiosa e constrangido pelos colegas e estudantes (como foi o caso de Kant), Nietzsche afirma que o exemplo de Schopenhauer é o de não ter dado quase atenção às castas acadêmicas, de buscar "independência com relação ao Estado e à sociedade"[139], de não fazer uma filosofia preocupada em *não* incomodar os poderes estabelecidos. Schopenhauer é, assim, para Nietzsche, um modelo de um modo de vida marcado, na medida em que viveu livre de qualquer coação ou sujeição, pela total independência.

No entremeio de sua descrição dos perigos resistidos por Schopenhauer antes de ter se constituído num modelo humano de liberdade, Nietzsche aconselha, para que cada um possa se proteger do perigo do isolamento, o uso da imagem do pessimista como um modelo estimulante

---

[135] Id.
[136] Id.
[137] Id.
[138] Id., §3.
[139] Id.

e fortificante de grandeza e coragem. É que, segundo ele, ao ser formado o "halo do extraordinário"[140] em torno de todos os que sabem de sua singularidade – que é para a maioria das pessoas, por preguiça e por temer os tormentos e fardos dessa unicidade, algo insuportável –, eles são isolados pelos seus contemporâneos, ficando inquietos consigo mesmos. É para que não se deixe subjugar, "para não cair no desencorajamento e na melancolia"[141], que Nietzsche recomenda, então, que cada um desperte e "se cerque das imagens de bons e valentes combatentes, tal como Schopenhauer o foi"[142].

A grandeza de Schopenhauer, o filósofo afirma, foi ter considerado "o quadro geral da vida e da existência"[143] como uma totalidade, satisfazendo a exigência, formulada por toda grande filosofia e feita a cada pessoa, de extrair da imagem de toda a vida o sentido da própria, ou, inversamente, de compreender a vida universal pela decifração da vida pessoal. A filosofia de Schopenhauer precisa ser interpretada, segundo ele, assim, de maneira individual, unicamente pelo indivíduo para consigo mesmo, para que se convença da sua própria miséria e de suas necessidades, dos seus limites, "e aprenda a conhecer os remédios e as consolações: quer dizer, a abnegação do eu, a submissão a fins mais nobres e sobretudo àqueles da justiça e da piedade"[144]. Para o filósofo, desse modo, não basta interpretar a filosofia do eminente pessimista num plano puramente lógico-discursivo, teórico--conceitual, apenas pela relação dos conceitos entre si, mas, principalmente, pela relação do indivíduo consigo próprio, num plano, portanto, também, autopessoal, ético-existencial. Nietzsche propõe um modo de interpretá-la, portanto, que a compreenda, essencialmente, como uma ética do sujeito, definido pela relação de si para consigo – e uma ética do sujeito que abnega a si mesmo.

No entanto, a abnegação do eu não é, em Schopenhauer, para Nietzsche, fim, meta, mas *meio* para a cultura, para a transformação do sujeito[145] – como podemos verificar logo adiante, quando o filósofo trata da imagem *não* de Schopenhauer, mas do que ele chama de "homem de Schopenhauer": "o

---

[140] *Id.*
[141] *Id.*
[142] *Id.*
[143] *Id.*
[144] *Id.*, §5.
[145] Nietzsche se apropria, desse modo, do modelo de conversão tipicamente cristão, a *metanoia*, mas assim o faz de um modo invertido, pois, a rigor, a renúncia ao eu consiste em uma renúncia ao eu *submisso às valorações alheias*, ao *não eu*, para a afirmação de um eu absolutamente singular, que segue *não* a medida e norma tradicional ou corrente, mas uma medida *própria*, uma norma *própria*.

tipo humano ideal que domina em Schopenhauer ou em torno dele, como sua ideia platônica, por assim dizer"[146]. A imagem do homem de Schopenhauer é construída após o filósofo fazer um diagnóstico sobre sua época e a partir da interrogação sobre quem dedicar-se-á "à ideia de *humanidade*, ao tesouro do tempo sagrado e intangível"[147] acumulado pouco a pouco por várias gerações, ao soerguimento da imagem do homem que eleve os homens acima da animalidade.

Querendo saber "como podemos todos, através de Schopenhauer, nos educar *contra* o nosso tempo, porque temos, graças a ele, a vantagem de *conhecer* verdadeiramente este tempo"[148] – pois considera que os escritos de Schopenhauer, filósofo cuja "nostalgia de uma natureza forte, de uma humanidade simples e sã era uma nostalgia de si mesmo"[149], devem ser interpretados como o reflexo da debilidade de sua época, como espelho da época, da falta de vigor de sua época – Nietzsche, após escrever sobre "o espírito – e a ausência de espírito – da atualidade e dos jornais"[150], bem como sobre a estúpida doutrina do Estado como "fim supremo da humanidade"[151], afirma, em resposta à pergunta sobre como o filósofo vê a cultura da sua época, que ele parece quase discernir na pressa geral, no desaparecimento de todo recolhimento e de toda simplicidade, "os sintomas de uma extirpação e de um desenraizamento completos da cultura"[152]. Inquietos e inseguros, os homens, ele escreve, "pensam em si mesmos com mais pressa e exclusivismo como jamais o fizeram"[153], constituindo, nesse sentido, uma época de "caos atômico"[154]. Desde quando o laço da Igreja, que unia as forças antagônicas, rompeu-se, os homens, ele diz, rebelaram-se uns contra os outros e se separaram cada vez mais, cultivando, então, o domínio das forças mais grosseiras e malignas, do egoísmo dos proprietários e dos déspotas militares, que, por sua vez, querem o mesmo culto idólatra consagrado antes à Igreja.

É nesse cenário, no qual percebe o rebaixamento ou permanência do homem à condição animalesca, ao cultivo dos instintos mais rudes, que Nietzsche expõe, então, as três imagens do homem erigidas pela sua época

---

[146] *Id.*, §5.
[147] *Id.*, §4.
[148] *Id.*
[149] *Id.*, §3.
[150] *Id.*, §4.
[151] *Id.*
[152] *Id.*
[153] *Id.*
[154] *Id.*

e com as quais, segundo ele, os homens podem tirar "o impulso capaz de transfigurar suas próprias vidas"[155]: a imagem do homem de Rousseau, a do homem de Goethe e, finalmente, a do de Schopenhauer.

A imagem do homem de Rousseau é aquela construída por aquele que, sofrendo a opressão das castas arrogantes, a impiedade das classes ricas, a corrupção pelos padres e pela educação e a humilhação diante de si mesmo por costumes grotescos, chama, angustiado, a natureza em seu socorro. Desprezando tudo o que lhe parecia como sendo de mais humano, como suas artes e ciências, e querendo ir além de si mesmo, ele passa a considerar que só o homem natural é bom. É de tal imagem do homem, enquanto homem natural, que, segundo Nietzsche, emana uma força violentamente revolucionária, provocando terríveis abalos sociais. O homem de Rousseau, assim, representa a humanidade naturalizada, renovada e revitalizada por meio da restauração de seus instintos básicos e da emancipação dos grilhões da sociedade.

Já a imagem do homem de Goethe não é a de um homem ativo, não impulsiona a nenhuma ação, funcionando mais como um sedativo, pois acalma as emoções que dominam o homem de Rousseau. Sendo um "espectador de grande estilo"[156], "uma força conservadora e conciliadora"[157], o homem de Goethe não é um homem libertador, nem revoltado, e, por isso, não rompe nenhuma ordem estabelecida. A imagem do homem de Goethe é, assim, a imagem do homem contemplativo, culto e requintado, mas destacado do envolvimento ativo na vida. O homem de Goethe é triste e amargo, mas ele não chega a se irritar verdadeiramente, o que, segundo Nietzsche, "seria ainda melhor"[158], tal como, para o filósofo, encoraja a imagem do homem de Schopenhauer.

A imagem do homem de Schopenhauer, na medida em que ele se irrita verdadeiramente, é a daquele que *"assume para si o sofrimento voluntário da veracidade"*[159], ou seja, daquele que prefere ser verdadeiro a viver inautenticamente, mesmo que isso lhe custe a felicidade. Esse sofrimento é utilizado por esse homem, afirma Nietzsche, visando à mortificação da sua vontade pessoal e à preparação da transformação de todo o seu ser, "alvo que constitui o objetivo e o sentido verdadeiros da vida"[160]. O sofrimento

---

[155] *Id.*
[156] *Id.*
[157] *Id.*
[158] *Id.*
[159] *Id.*
[160] *Id.*

é assumido, portanto, como um meio para a abnegação do eu, que, por sua vez, possibilita condições para a transformação do ser do sujeito em uma natureza simples e sincera, ou seja, em um homem de cultura.

A proclamação do verdadeiro por Schopenhauer é feita de maneira negativa, destrutiva, mas sua maneira de negar e destruir não é expressão de uma malignidade, e, sim, defende Nietzsche, "desta poderosa aspiração à santificação e à salvação, da qual Schopenhauer foi para nós, homens profanos, homens seculares no sentido próprio do termo, o primeiro mestre filosófico"[161]. Ora, dizer que Schopenhauer foi mestre da aspiração à santificação e à salvação, considerando que tal aspiração não é senão aquilo que ele definiu anteriormente como cultura, não é senão dizer que Schopenhauer foi, portanto, mestre da cultura, ou seja, exemplo pedagógico de homem de cultura, de homem verídico. De acordo com o filósofo, porque "ser verídico significa crer numa existência que não poderia absolutamente ser negada, crer numa existência que é ela própria verdadeira e sem mentira"[162], o homem verídico sente que a sua atividade tem

> [...] um sentido metafísico, explicável segundo as leis de uma vida superior e distinta, um sentido afirmativo na acepção mais profunda da expressão, ainda que tudo que faça pareça destinado a destruir e a quebrar as leis da vida atual[163].

Nesse sentido, uma vez que a negação feita por Schopenhauer é interpretada por Nietzsche como uma negação da vida *atual*, da falta de cultura *de sua época*, e que ela é motivada por uma aspiração positiva a uma vida veraz, pela afirmação de uma existência verídica, por um anseio a uma transformação do sujeito em uma natureza simples e verdadeira em todas as suas expressões, ou seja, motivada por um desejo *positivo* de cultura, o filósofo traça a imagem de um Schopenhauer, no fundo, afirmativo.

É uma vida orientada para a veracidade, afirma Nietzsche, que faz nascer o desejo de ser o homem de Schopenhauer:

> [...] quer dizer, ser puro para consigo e para com seu bem pessoal, de uma serenidade admirável no que diz respeito ao conhecimento, ser cheio de um fogo forte e devorador e estar bem longe da neutralidade fria e desprezível do pretenso homem de ciência, muito acima de uma contemplação

---

[161] Id.
[162] Id.
[163] Id.

tristonha e desagradável, oferecendo-se sempre ele próprio como a primeira vítima da verdade reconhecida e penetrada, no mais profundo da consciência, pelos sofrimentos que nascerão da sua autenticidade[164].

O homem de Schopenhauer é, desse modo, uma síntese da veracidade, serenidade e força, e não se confunde nem com o frio erudito, o homem de ciência, nem com o contemplativo triste, o homem de Goethe – e muito menos com o revolucionário revoltado, o homem de Rousseau. Com a sua coragem de ser um homem verídico, verdadeiro, sincero, o homem de Schopenhauer, devido aos aborrecimentos provocados pela sua autenticidade, tem a sua felicidade destruída, devendo ser hostil a quem ama, às instituições nas quais foi formado, sem direito a poupar homens ou coisas, "embora compartilhando suas feridas"[165]. Seu consolo é o pensamento de que o mais elevado é ter não uma vida feliz, que ele considera impossível, mas uma vida heroica, na qual segue uma "exortação interior"[166] não tanto pelo prazer e nem tanto também por uma obrigação cega e mecânica, mas porque ele quer – pois sabe que buscam enganá-lo sobre si mesmo e fazê-lo sair de seu refúgio – "sentir a vida, quer dizer, sofrer a vida"[167]. Com questões sobre a razão de viver, sobre a lição da vida e sobre como se tornou o que é e porque deve sofrer por ser o que é, ele se atormenta sozinho e observa, contudo, que todos os outros homens estão, Nietzsche escreve,

> [...] assiduamente preocupados com sua comédia comum e de modo nenhum consigo mesmos. À questão "Por que vives?", eles responderiam todos rápida e orgulhosamente – "para *me tornar* um bom cidadão, um erudito, um homem de Estado" – e, contudo, eles *são* algo que não poderá jamais se tornar outra coisa[168].

O homem de Schopenhauer é, nesse sentido, o homem preocupado consigo, com o seu próprio ser, em ser o que é. É nesse sentido que Nietzsche afirma em *Ecce Homo* que a imagem de Schopenhauer é uma imagem de amor de si [*Selbstsucht*], de egoísmo, pois o homem de Schopenhauer preocupa-se consigo, em ser o que é, cuida de si, de seu próprio ser. E se essa imagem de amor de si é rigorosa, severa, como o filósofo afirma, é porque impõe o sacrifício da felicidade, e, ainda, a aceitação do sofrimento em função de

---

[164] Id.
[165] Id.
[166] Id.
[167] Id.
[168] Id.

sua funcionalidade operacional, uma vez que ele serve para a abnegação do eu, que, por sua vez, é meio para uma transubjetivação num eu superior, para a transformação em um homem de cultura. A imagem do homem de Schopenhauer, do tipo humano ideal que domina em Schopenhauer ou ao redor dele, é, portanto, a imagem de um homem verídico: simples e verdadeiro no modo de viver e pensar[169].

Se Schopenhauer é, como Nietzsche afirma em *Ecce Homo,* um tipo pleno de "soberano desprezo"[170] pelo que ao seu redor se chamava formação, ele o é conforme a imagem levantada pelo filósofo tanto a partir daquilo que o pessimista escreveu – uma vez que as qualidades que ele atribui a Schopenhauer expõem uma profunda divergência em relação à "cultura" (ou falta de cultura) alemã – quanto a partir do seu modo de vida – já que, promovendo a própria vida, mantinha-se em condições de viver como "juiz da autoproclamada cultura que o cercava"[171]. No que concerne ao que Schopenhauer escreveu, Nietzsche erige, a partir da escrita do seu mestre filosófico, a imagem de um homem honesto, sereno e constante. Em sendo honesto, Schopenhauer demonstra ter um gosto contrário ao gosto alemão pela mentira, fingimento e dissimulação. Tal como os homens serenos na vitória, ele vive "com autenticidade, e não segundo esta mascarada sinistra em que vivem ordinariamente os homens"[172], afastando-se, desse modo, do gosto alemão pelo inautêntico. E, por fim, em sendo constante, manifestando uma atmosfera tranquila e saudável, com inimitável desenvoltura e naturalidade, Schopenhauer escreve sem inquietude – o oposto dos escritores alemães, cujos discursos apresentam "algo de inquieto e forçado"[173]. Em todas essas qualidades, Schopenhauer demonstra profunda rejeição a tudo aquilo que, sendo o oposto de seu tipo ideal (o homem verídico), caracteriza a formação alemã: impostura, inautenticidade, inquietude.

---

[169] A imagem do homem de Schopenhauer como homem verídico dirigirá finamente o filósofo, como ele afirma numa nota inédita, contra a filosofia do próprio Schopenhauer – e, como afirmou Breazeale (1998, p. 12), "para o ceticismo contra tudo o que é reverenciado, considerado em alta estima, anteriormente defendido (também contra os Gregos, contra Schopenhauer, contra Wagner), gênio, santo". A imagem do homem de Schopenhauer constituiu aquilo que caracterizou, ao longo da vida restante de Nietzsche, o seu ideal próprio, ideal educativo, *formativo* na medida em que, ao impô-lo a si mesmo, possibilitou que ele adquirisse uma *forma*. Com a imagem do homem verídico, Nietzsche reatualiza a figura do parresiasta, aquele que utiliza a *parresía*, a franqueza, a veridicidade. Como bem notou Foucault, "a veridicidade nietzschiana é uma certa maneira de fazer agir essa noção cuja origem remota se encontra na noção de *parresía* (de dizer a verdade) como risco para quem a enuncia, como risco aceito por quem a enuncia" (FOUCAULT, 2010, p. 64).

[170] EH, As Extemporâneas, §1.

[171] Co. Ext. III, §8.

[172] *Id.*, §2.

[173] *Id.*

O tipo pleno de soberano desprezo pela formação alemã também é levantado, na *Terceira Extemporânea*, a partir do modo de vida de Schopenhauer. De acordo com Nietzsche, Schopenhauer, "contra a falsa união do atual com seu próprio caráter intempestivo"[174], ao combater em si mesmo e expulsar de si mesmo a sua época – que determina o olhar a sobre-estimá-lo –, purificando, assim, o seu ser e promovendo, então, a sua própria vida, conquistou a condição necessária para determinar novamente o valor da existência, de "legislar sobre a medida, a moeda e os pesos das coisas"[175] e de avaliar sua própria época por comparação com as outras – uma vez que os filósofos modernos, como Schopenhauer, exigem, para pronunciarem-se como juízes, que seja mostrada a eles, primeiro, "a vida, uma vida verdadeira, corada, sadia"[176]. Em outras palavras, se Schopenhauer despreza a vida de sua época, avaliando-a muito baixo, é porque ele próprio, após combatê-la e expulsá-la de si mesmo, reencontrando-se "na saúde e na pureza que lhe pertenciam"[177], adquiriu, assim, o conhecimento de uma vida verídica, conhecimento esse que lhe permitiu, então, avaliar a cultura alemã, caracterizada pela mentira e dissimulação, como algo de valor nulo, ou seja, desprezível.

2.5 A imagem de Wagner

Um outro tipo pleno de soberano desprezo pela formação alemã é a imagem de Wagner, levantada por Nietzsche, como podemos verificar ao longo da descrição que o filósofo faz, em *Wagner em Bayreuth* (1876), do processo no qual Wagner deixa de se preocupar com o efeito imediato e passa a se preocupar consigo próprio.

Procurando compreender o acontecimento em Bayreuth a partir do olhar do próprio Wagner sobre "o que ele foi, o que ele é e o que será"[178], Nietzsche relata que Wagner foi, na infância e juventude, um espírito suscetível, agitado, de uma pressa febril na realização de centenas de coisas ao mesmo tempo, "um gosto apaixonado por estados de alma extremos e doentios, mudanças súbitas de ânimo, que oscilavam de estados muito serenos a estados explosivos e ruidosos"[179], dispersando-se, além disso, em várias

---

[174] *Id.*, §3.
[175] *Id.*
[176] *Id.*
[177] *Id.*
[178] Co. Ext. IV, §1.
[179] *Id.*, §2.

disciplinas artísticas, como a pintura, a poesia, o teatro, a música. Wagner era constituído, assim, por um conjunto de paixões desordenadas, caóticas, facilmente suscitáveis e instáveis.

Em seus primeiros anos, não foi favorável a Wagner, segundo o filósofo, nem o meio que o cercava, pois vivia entre eruditos e próximo do prazer perigoso de se tornar intelectualmente frívolo ao acreditar "estar na posse de toda espécie de saber"[180]; nem sua sensibilidade, que era "facilmente despertada e superficialmente satisfeita"[181]; e muito menos o fato de ele não ter vivenciado na infância e juventude as qualidades desse período da vida – ingenuidade, simples originalidade e personalidade –, pois imitava (devido ao alto grau de sua faculdade de imitação, própria dos artistas) "a volubilidade sem vigor da vida moderna"[182], parecendo, desse modo, um velho. Wagner viveu, assim, um período marcado pela ausência daquilo que Nietzsche chamou de "elemento dramático"[183]: a consciência de si da paixão predominante, paixão essa que, fazendo reinar no compositor uma única lei interior, sintetiza a totalidade de sua natureza.

Com a maturidade espiritual e moral começa o drama da vida de Wagner. Mas sua natureza carrega, contudo, uma divisão entre dois impulsos ou esferas: o primeiro é uma "vontade impetuosa que aspira ao poder"[184]; o segundo é o enobrecimento e amplitude moral de "um espírito cheio de amor"[185], "uma força absolutamente pura e livre"[186], que orientou aquela vontade "para o bem e para a generosidade"[187], desviando-a das "estradas paralelas e secretas"[188], inclusive da via da violência. As duas esferas – a criadora, luminosa, inocente, e a sombria e indomável – permaneceram, segundo o filósofo, "por um amor livre e desprovido de todo egoísmo"[189], fiéis entre si. Essa fidelidade entre a esfera de uma vontade de *poder* (descrito aqui como algo que a vontade quer, seu objetivo) e a esfera de um impulso

---

[180] Id.
[181] Id.
[182] Id.
[183] Id.
[184] Id.
[185] Id.
[186] Id.
[187] Id.
[188] Id.
[189] Id.

criador é, segundo Nietzsche, a matriz subjetiva da série de todas as formas de fidelidade que caracterizam os dramas wagnerianos[190].

Wagner só pôde "permanecer inteiramente ele próprio"[191] na relação de devoção entre aquelas duas forças mais profundas. No entanto, cada um dos seus impulsos "aspirava à desmedida, todos os seus dons generosos queriam se soltar uns dos outros e buscar sua própria satisfação"[192]. Segundo o filósofo, Wagner atormentou-se, então, com a questão de saber como é possível manter-se inteiro, preservar a fidelidade entre a vontade de poder e a força criadora. Em meio a tentações de poder, brilho e prazer, e ao perigo do "desgosto diante dos meios modernos de adquirir prazer e prestígio"[193], Wagner fracassa em impor, num meio frívolo, a sua artística seriedade, chegando a cair na indigência – mas descobre, impulsionado pela privação, "recursos dramáticos, motivos enganosos que iludem por um instante e que são inventados somente para aquele instante"[194], vivendo o perigo de "uma vida desenraizada e instável na aparência, atravessada em todos os sentidos por uma incessante ilusão"[195] e tornando-se, o que é um perigo ainda maior, "um mestre absoluto da música e da cena, inventor e criador em cada requisito técnico"[196]. Apesar de ter vivido num meio de eruditos, e de ter adquirido muitos saberes e técnicas, o dramaturgo, Nietzsche conta, não se tornou um homem de ciência. "O estudo e a formação não desviaram o artista criador e militante de seu caminho"[197].

---

[190] Como aquela, Nietzsche escreve, "entre Elisabeth e Tannhäuser, Senta e o Holandês, Elsa e Lohengrin, Kurvenal e Marke para com Tristan, Brunilde para com os mais íntimos desejos de Wotan – e isso apenas para começar" (*Id.*). Estes são personagens e relações encontrados nas óperas de Richard Wagner. Em *Tannhäuser*, Elisabeth tem uma fidelidade tão profunda a Tannhäuser que, mesmo tendo ele confessado ter sido seduzido pelo canto sensual da deusa Vênus, oferece sua própria vida para redimir a alma do amado. Em *O Holandês Voador*, Senta, obcecada pela história do Holandês Voador, de cuja maldição só seria libertado se encontrasse uma mulher que o amasse fielmente até a morte, jura fidelidade eterna a ele e, no final, lança-se ao mar como prova de fidelidade. Em *Lohengrin*, Elsa falha em confiar cegamente em Lohengrin, um desconhecido que lutou pra defender a honra dela, ao pedir-lhe que conte seu passado. Em *Tristão e Isolda*, Kurvenal demonstra fidelidade irracional ao agir em defesa do mestre Tristan sem antes compreender a situação, levando-lhe a morte, enquanto a fidelidade do Rei Marke é racional, prudente, pois tenta entender a situação completamente antes de tirar conclusões e agir. Em *O Anel dos Nibelungos*, Brunilde, em seu amor filial, fiel aos desejos mais íntimos e não expressos do pai, compreende seu desejo de acabar com a maldição que ele mesmo foi obrigado a infligir à filha por sua desobediência e, como um gesto de fidelidade, sacrifica-se por ele.
[191] *Id.*, §3.
[192] *Id.*
[193] *Id.*
[194] *Id.*
[195] *Id.*
[196] *Id.*
[197] *Id.*

Depois de considerar que o último dentre os grandes acontecimentos foi a helenização do mundo e a orientalização do helenismo promovidas por Alexandre, e de ter a impressão de que a "terra, já suficientemente orientalizada, aspira de novo à helenização"[198], Nietzsche afirma que a tarefa agora consiste em juntar novamente as pontas dispersadas da cultura grega, algo que, segundo ele, estaria sendo realizado por Wagner. "Em Wagner reconheço um tal contra-Alexandre: ele liga e reúne o que estava isolado, enfraquecido e descuidado"[199]. Apesar de agir sobre as artes, religiões e diferentes histórias dos povos, Wagner, segundo Nietzsche, é o oposto de "um espírito que apenas coleciona e ordena[200]: pois plasma o que foi reunido e lhe dá vida, é um *simplificador do mundo*"[201]. O filósofo explicita mais à frente que Wagner é um simplificador por olhar a vida sob a perspectiva de um conhecimento que é forte o bastante para permitir-lhe abranger e assenhorear-se "da prodigiosa multiplicidade e desordem de um aparente caos, condensando em unidade o que antes estava disperso e inassimilável"[202]. Ou seja, Wagner modela, dá forma ao que cai em suas mãos – e "forma" não enquanto "aparência agradável" (e nem enquanto "aparência desagradável"), algo arbitrário, ligado às convenções, mas enquanto aquilo que Nietzsche chamou de "configuração necessária"[203], algo necessário, ligado às sensações – particularmente àquilo que ele denominou de "autêntica sensação"[204]: o sentimento que brota das mais simples e reais necessidades da vida[205]. Para Wagner, segundo Nietzsche, a música, em sua época, ao redescobrir a autêntica sensação, pressente uma cultura. No entanto, a alma ágil e configuradora da música é, de acordo com o filósofo, o que justamente falta às escolas, o que é, segundo ele, "a mais vergonhosa lacuna de nossa educação e o verdadeiro motivo de sua incapacidade de sair da barbárie"[206]. Nesse sentido, a falta da música que brota de autênticas sensações nas instituições de educação da Alemanha indica, para ele, que falta à educação alemã, portanto – o que Nietzsche insiste desde a *Primeira Consideração Extemporânea*, e deixou bem explícito em *Ecce Homo* –, a cultura como finalidade.

---

[198] *Id.*, §4.
[199] *Id.*
[200] Nietzsche aqui muito provavelmente refere-se ao espírito educado pela formação histórica, tal como a explanou em sua *Segunda Consideração Extemporânea*, como vimos antes.
[201] *Id.*
[202] *Id.*, §5.
[203] *Id.*
[204] *Id.*
[205] Diferentemente da sensação inautêntica, da convenção (que escraviza as multidões), a serviço da qual a arte moderna, segundo Nietzsche, é "uma necessidade falsa, ou infame e degradante, ou ainda um nada ou algo negativo" (*Id.*).
[206] *Id.*

Se entendermos o dar uma forma a um conjunto reunido de elementos heterogêneos desordenados como a constituição de uma unidade de estilo, tal como Nietzsche tinha definido a cultura em sua *Primeira Consideração Extemporânea*, a imagem de Wagner como um contra-Alexandre a dar uma forma ao que reúne é, nessa mesma medida, a imagem de um homem de cultura. De todo modo, na medida em que um espírito que apenas coleciona e ordena é, em Nietzsche, como vimos, um espírito formado pela formação alemã, que acumula saberes e conhecimentos sem qualquer ligação com uma necessidade pessoal, Wagner é, nesse sentido, a contraimagem do produto da "formação", a contraimagem do homem moderno, do homem de ciência.

Nietzsche faz, inclusive, uma consideração crítica que parece ter uma forma similar à da crítica dos românticos a Kant no final do século XVIII. O filósofo critica a formação que, no lugar de formar e acolher sensações e necessidades claras – de ensinar a sentir verdadeiramente –, envolve o indivíduo na rede dos "conceitos claros" – ensina a pensar corretamente – "como se tivesse algum valor fazer de alguém um verdadeiro ser pensante e raciocinante antes de tentar fazer dele um verdadeiro ser que sente"[207]. De forma semelhante, os românticos criticaram Kant, que, em sua ética, segundo eles, deu ênfase à razão em detrimento da sensibilidade, ignorando que nossos sentidos são uma parte de nossa humanidade e o quanto precisam de cultivo e desenvolvimento. Os românticos sustentaram, contra Kant, que não é simplesmente um ser puramente racional que age moralmente, mas todo o indivíduo, que faz o seu dever a partir de suas inclinações. Para eles, o ideal kantiano da moralidade endossou a uniformidade ao exigir que nós desenvolvamos uma personalidade puramente racional, personalidade essa que todos nós compartilhamos simplesmente como seres inteligentes. Foi para corrigir o que consideraram como sendo deficiências da ética kantiana que os românticos construíram o ideal de *Bildung*. No ideal de *Bildung* romântico, a educação tem dois objetivos fundamentais: desenvolver e unificar todos os poderes humanos *característicos*, compartilhados por todos como seres humanos; e desenvolver os poderes humanos *peculiares*, únicos de cada indivíduo. Uma vez que, segundo o Romantismo[208], a individualidade

---

[207] *Id.*

[208] O Romantismo ao qual estamos nos referindo é o alemão – e, particularmente, o primeiro Romantismo (1794-1808), representado por nomes como os irmãos Schlegel e Novalis, que objetivavam completar e ampliar o Classicismo –, o contrário do romantismo francês, que é, acima de tudo, uma revolta contra um Classicismo firmemente estabelecido. *Cf.* George R. Havens, "Romanticism in France", *Publications of the Modern Language Association of America (PMLA)*, Modern Language Association, Nova York, v. 55, n. 1, 1940, p. 10. Sobre os Roman-

emerge na síntese única, na unidade especial de todos os poderes humanos (os característicos e os peculiares) de uma pessoa, alcançar esses objetivos é, para os românticos, realizar a individualidade.

A realização de uma síntese, de uma unidade é aquilo que caracteriza justamente a imagem de Wagner. E se a imagem de Wagner é uma contraimagem do homem moderno é porque o homem moderno, ao contrário, não realiza síntese alguma. Tomando de empréstimo pedaços das culturas passadas, com as quais busca uma aparência agradável por meio de imitações burlescas e exteriorizações presunçosas ao promover o "mundo da ostentação e a aparência"[209], o homem moderno, segundo Nietzsche, dissimula seu esgotamento e oculta "a pálida impotência, o descontentamento amargo, o tédio diligente, a miséria hipócrita"[210]. Ao ornar a sua pobreza espiritual e ética com paramentos produzidos pelas culturas anteriores, tal homem, assim, não constitui uma unidade de estilo, mas, pelo contrário, uma mistura de todos os estilos, de todas as épocas, uma paródia do estilo[211]. Na medida em que a não realização de uma unidade de estilo equivale, para Nietzsche, à não realização da cultura, Wagner é, para o filósofo, a contraimagem do homem moderno porque é a imagem de um homem de cultura.

A mais forte manifestação vital de Wagner, o ponto central de sua força, segundo Nietzsche, é a

> [...] demoníaca capacidade de transposição" e o "despojamento de si que constitui sua natureza, capaz de se comunicar com o outro do mesmo modo que comunica a si próprio outros modos de ser e encontra sua grandeza na entrega e na aceitação[212].

Na medida em que, na arte de Wagner, o audível e o visível vão um em direção ao outro, Wagner é, para o filósofo, um *"dramaturgo ditirâmbico*, considerando esse conceito em sua plena acepção, que abarca a um só tempo

---

tismos na Alemanha, ver Millán-Zaibert, Elizabeth. What is Early German Romanticism? *In:* FRANK, Manfred. *The Philosophical Foundations of Early German Romanticism.* Tradução de Elizabeth Millán-Zaibert. Albany: SUNY Press, 2004. Sobre a discussão a respeito da proximidade entre Nietzsche e os primeiros românticos, ver MEYER, Theo. *Nietzsche. Kunstauffassung und Lebensbegriff.* Tübingen: Francke, 1991; NORMAN, Judith. Nietzsche and Early Romanticism. *Journal of the History of Ideas,* v. 63, n. 3, Filadélfia, University of Pennsylvânia Press, 2002, p. 501-502; e, principalmente, BEHLER, Ernst. Nietzsche und die Frühromantische Schule. *Nietzsche Studien,* Band 7, Berlim/Nova York, Walter de Gruyter & Co., 1978, p. 67-69.

[209] Co. Ext. IV, §5.
[210] *Id.*
[211] *Cf.* KOFMAN, 1985, p. 86.
[212] Co. Ext. IV, §7.

o ator, o poeta e o músico"²¹³. Segundo Nietzsche, Wagner pode ou não ter tido entraves em sua evolução, mas o que importa, afirma o filósofo, é que, em sua maturidade,

> [...] ele é uma formação [*Gebilde*]²¹⁴ sem entrave ou lacuna: o artista verdadeiramente livre, que não pode pensar senão em todos os domínios da arte ao mesmo tempo, o mediador e o conciliador de esferas aparentemente separadas, o restaurador da unidade e da totalidade do poder artístico que não podem ser adivinhadas ou deduzidas, mas somente mostradas através da ação²¹⁵.

Wagner, portanto, para o filósofo, não apenas dá forma ou configuração necessária à sensação autêntica, proveniente de necessidades reais, mas também dá unidade e totalidade a domínios diversos da arte, apresentando-se, desse modo, não só como artista de coerência estilística, mas também de síntese artística.

Dando continuidade à história de Wagner, e retomando o tema das duas forças em cuja fidelidade o dramaturgo subsiste, o filósofo afirma que a vontade pessoal ávida e insaciável de poder e glória fez surgir no artista o pensamento de que "o teatro poderia exercer um incomparável efeito, o maior efeito de todas as artes"²¹⁶. Querendo "triunfar e conquistar como nenhum artista jamais havia feito"²¹⁷, o dramaturgo avaliou tudo o que tinha sucesso e, acima de tudo, observou os efeitos de determinados recursos dramáticos no expectador e no ouvinte, bem como em si mesmo. Foi assim que ele encontrou na grande ópera francesa, como arte voltada para a criação de impressionantes efeitos musicais e visuais, "um meio de expressar seu pensamento dominante"²¹⁸.

Entretanto, Wagner, conta Nietzsche, sentiu uma grande amargura e humilhação quando lhe abriram os olhos, a partir das acusações dirigidas contra um dos principais representantes da *grand opéra* francesa,

---

[213] *Id*. Nietzsche afirma posteriormente em *Ecce Homo* que a imagem do artista ditirâmbico "é a imagem do poeta *preexistente* do Zaratustra, desenhada com abismal profundidade e sem tocar sequer um instante a realidade wagneriana. O próprio Wagner tinha noção disso; ele não se reconheceu no ensaio" (EH, O nascimento da tragédia, §4).

[214] Tanto *Bildung* quanto *Gebilde* refletem a ideia de algo sendo moldado, formado ou desenvolvido, mas *Gebilde* nesse contexto denota uma obra ou criação artística que é completa, sem falhas ou interrupções, representando a síntese e totalidade da visão artística de Wagner.

[215] Co. Ext. IV, §7.

[216] *Id.*, §8.

[217] *Id.*

[218] *Id.*, §8.

Giacomo Meyerbeer (com o qual o dramaturgo aprendeu muito, aliás), em relação aos recursos musicais utilizados para obter sucesso junto ao público – ainda que o compositor de *Rienzi* tenha realizado com grandeza essa "revoltante forma de arte"[219]. Wagner tornou-se, então, crítico do efeito, e adquiriu uma nova sensibilidade, sentindo "que ainda era artista e chegara a sê-lo somente agora"[220]. O filósofo comenta que, desde então, as duas forças fundamentais do ser de Wagner estreitaram cada vez mais os seus laços, desenvolvendo entre eles uma relação na qual a vontade de poder, mais poderosa e mais bruta, acolheu o impulso criador, mais delicado e mais puro.

Essa experiência possibilitou a Wagner compreender que, enquanto a sociedade continuar sendo uma sociedade de luxo, "sem alma ou com uma alma endurecida, que se considera boa, mas que é propriamente má"[221], escreve Nietzsche, a arte e o artista irão continuar contando como "séquito de escravos para satisfação de *necessidades aparentes*"[222]. Por profunda compaixão pelo povo, do qual a sociedade de luxo subtraiu tudo o que este, "como verdadeiro e único artista"[223], criou poeticamente e comunicou generosamente de sua alma a partir de uma necessidade profunda, Wagner tornou-se, então, o filósofo diz, um "revolucionário da sociedade"[224], encontrando, no mito (trazido ao mundo viril) e na música (expurgada da ilusão), os meios de fazer uma coletividade experimentar a necessidade que experimenta um povo em sua constituição.

A obra de arte de Wagner parecia, no entanto, Nietzsche escreve, "uma comunicação com surdos e cegos, e seu povo, uma quimera"[225]. A questão, colocada a partir de *Tannhäuser* e *Lohengrin*, do nascimento de um povo não foi compreendida, a necessidade de Wagner não foi sentida, o que forçou o dramaturgo, atordoado por tal incompreensão e insensibilidade, na tentativa de tornar suas questões compreensíveis, a escrever – sendo, no entanto, taxado de teórico que queria, por meio de conceitos sofisticados, transformar a arte. Frustrado em suas tentativas

---

[219] Id.
[220] Id.
[221] Id.
[222] Aqui Nietzsche remete ao que Wagner chamou de "necessidade fictícia" da sociedade de luxo. Ver nota 51 da tradução de *Wagner em Bayreuth* por Anna Hartmann Cavalcanti (2009).
[223] Co. Ext. IV, §8.
[224] Id.
[225] Id.

de transformar a arte e as instituições de sua época, Wagner se envolve em movimentos políticos e, diante da possibilidade de uma transformação total de todas as coisas, ele participa em Dresden da fracassada revolução em 1849 e foge para Suíça.

Refugiado político, e na miséria, o dramaturgo vê na essência das coisas o sofrimento – e assume a sua parte com a serenidade daqueles que "na vida sofreram profundamente e que a ela retornaram com o sorriso do convalescente"[226]. A vontade de poder é convertida inteiramente, então, em criação artística, e Wagner passa a falar, por meio da sua arte, não mais com um público ou com um povo, mas consigo mesmo. Ele deixa de se preocupar, desse modo, com o efeito imediato, e passa a desejar apenas "se entender consigo próprio, pensar sobre a essência do mundo nos acontecimentos, filosofar em sons"[227].

Apesar de renunciar resolutamente a ter sucesso junto a seus contemporâneos e distanciar-se do pensamento do poder, o "sucesso" e o "poder" vieram, no entanto, até ele, mesmo a despeito de seu protesto, uma vez que nesse "sucesso", para Wagner, havia algo de humilhante, ficando aborrecido tanto de ver sua arte desfigurada em arte de ópera quanto de vê-la "tragada indiscriminadamente pelas gargantas abertas e bocejantes do insaciável tédio e pelo desejo de distração a todo custo"[228]. Aqui, Nietzsche parece indicar que tal sentimento de humilhação com o "sucesso" adquirido testemunha o constrangimento de um artista que serviu, de olhos fechados, sem se dar conta, os "repugnantes ídolos da formação moderna"[229], e que, quando levantou as pálpebras, percebeu o aviltante equívoco em que se meteu, tal como se constrange o hipnotizado que sai do transe consciente de ter feito algo pelo qual se envergonha e sente mesmo repulsa: o de ter sido fâmulo da formação alemã.

Em meio à sua triste e amorosa renúncia ao poder, Wagner recebe apoio dos amigos e, com a guerra franco-prussiana, crê, ao ver emergirem, segundo Nietzsche, as virtudes da genuína bravura e reflexão dos alemães, que sua obra de arte um dia encontraria um poder que a sustentaria, pondo-se, então, a ensinar e tornar público um estilo novo para sua execução, imprimindo nela "um ritmo inteiramente seu e erigindo-a em exemplo para todos os povos: assim foi concebido o *pensamento de Bayreuth*"[230]. O

---

[226] *Id.*
[227] *Id.*
[228] *Id.*
[229] *Id.*, §1.
[230] *Id.*, §8.

acontecimento em Bayreuth apresenta-se, portanto, em Nietzsche, como a realização de um pensamento concebido pela esperança de que a obra de arte de Wagner teria condições de ser concretizada não como mais um narcótico para adormecer a alma moderna da consciência de sua miséria espiritual e ética, ou seja, não mais como arte *moderna*.

> Pois o que distingue sua arte de toda arte dos tempos modernos é que ela não fala mais a língua da formação de uma casta e ignora a oposição entre gente cultivada e não-cultivada. Sua arte se opõe assim a toda cultura do Renascimento, cultura que nos envolveu até o presente, nós, homens modernos, com sua luz e sua sombra[231].

Com a expressão "cultura do Renascimento", Nietzsche inclui, entre os últimos epígonos dos filólogos-poetas italianos, Goethe e Leopardi, ambos impopulares, no sentido de que se utilizam de uma linguagem elitista da formação alemã. Em contraposição a essa cultura, Nietzsche afirma da arte de Wagner:

> Que possa haver uma arte tão luminosa, radiante e cálida que ilumine com seus raios os mesquinhos e pobres de espírito e, ao mesmo tempo, derreta o orgulho dos homens de conhecimento – isso a experiência teve de nos ensinar, não podíamos adivinhar. Mas, no espírito daquele que hoje faz essa experiência, não é possível deixar de subverter todas as noções de educação e cultura[232].

Ou seja, a arte de Wagner, na medida em que tanto eleva espiritual e moralmente o homem vil e ignorante quanto torna humilde o erudito, põe em xeque a educação alemã, marcada fundamentalmente pelo acúmulo impessoal de saberes em excesso, e a cultura alemã, notada pela exposição desconexa e ornamental de várias culturas. A experiência propiciada por Wagner, por elevar intelectual e moralmente os ignorantes, põe em questão a educação alemã porque esta não alcança o homem ordinário e sem instrução. Da mesma forma, tal experiência, por fazer humilde aquele que sabe muito, coloca um problema à cultura alemã porque esta torna o erudito arrogante e soberbo.

Nietzsche comenta que, para "realizar através de uma desconcertante pluralidade de pretensões e desejos uma vontade"[233], Wagner procurou

---

[231] *Id.*, §9.
[232] *Id.*
[233] *Id.*

"impor a si próprio as mais árduas leis com o mesmo afã com que outros aspiravam a aliviar seu fardo"[234].

> Nunca se poderá avaliar o rigor e a uniformidade da vontade, a superação de si que foram necessários ao artista, ao longo de seu desenvolvimento, para poder enfim, na maturidade, com alegre liberdade, fazer o necessário em cada instante da criação[235].

Wagner, ao impor-se as leis mais árduas – que Nietzsche expressa como sendo a imposição de uma única vontade sobre uma multiplicidade de pretensões e desejos – constitui aquilo que, em *Ecce Homo*, o filósofo exprimiu como sendo, juntamente a Schopenhauer, uma imagem do mais severo *"amor de si [Selbstsucht]*[236], *disciplina de si [Selbstzucht]*[237]"[238]. Wagner é, assim, também, uma imagem de homem preocupado consigo próprio, de homem que impõem a si próprio as suas próprias e austeras leis.

Se *Wagner em Bayreuth* é, segundo Nietzsche, "uma visão do meu futuro"[239] é porque, como Wagner, ele teria terminado por conquistar essa unidade na qual uma vontade é forte o suficiente para disciplinar e unificar uma pluralidade pulsional. A imagem de Wagner permitiu a Nietzsche, a partir de seu caso, compreender o que poderia significar "ser si mesmo", a ligação de continuidade e descontinuidade entre o "Nietzsche" dito de "juventude" e aquele que adveio a si mesmo, entre uma multiplicidade pulsional inicial mais ou menos anárquica e uma "unidade" final, obtida pela obediência conquistada de seus impulsos a um só centro ou uma única lei[240]. Da mesma forma, se em *Schopenhauer Educador* está inscrita, segundo o filósofo, "minha história mais íntima, meu *vir a ser*" e, sobretudo, "meu compromisso"[241], é porque nela se encontra, no soerguimento de seu ideal do "homem de Schopenhauer" como seu ideal de eu, a promessa de se

---

[234] *Id.*

[235] *Id.*

[236] *Selbstsucht* é uma palavra dicionarizada, sendo tratada como sinônima de *Egoismus*, conforme nos informa Paulo César de Souza na nota 26 de sua tradução de *Ecce Homo* (1995).

[237] Dado que *Zucht* é "disciplina", regime de ordem imposto por outrem sobre um indivíduo. *Selbstzucht* significa, portanto, "autodisciplina", ou seja, regime de ordem imposto pela própria pessoa sobre si. *Cf.* HOYER, 2003, p. 67.

[238] EH, As Extemporâneas, §1.

[239] *Id.*, §3.

[240] *Cf.* KOFMAN, 1992, p. 65/66. A respeito de *Wagner em Bayreuth* o filósofo afirma que "em todas as passagens de relevância psicológica é de mim somente que se trata – pode-se tranquilamente colocar meu nome ou 'Zaratustra' onde no texto há o nome de Wagner" (EH, O Nascimento da Tragédia, §4).

[241] EH, As Extemporâneas, §3.

tornar um homem verídico, o juramento de se tornar o que é²⁴². Com as obras ulteriores, Nietzsche, assim, realiza o voto, anunciado em suas duas últimas obras ditas de "juventude", de advir a si mesmo²⁴³.

Tanto a imagem de Schopenhauer quanto a de Wagner apontam para um conceito de cultura como um uníssono entoado de todas as diversas expressões de uma pessoa, sejam aquelas manifestadas em um determinado modo de escrita, sejam as expressas em um determinado modo de vida. As imagens de Schopenhauer e Wagner são, assim, imagens de homens em cujas manifestações da vida existe uma unidade de estilo, porque representam homens que cuidam de si mesmos, que impõem a si mesmos suas próprias normas e, assim, tornam-se o que são.

Em *Schopenhauer Educador* há uma promessa do filósofo de se tornar o que é, e em *Wagner em Bayreuth*, uma visão do advir a si mesmo de Nietzsche. Schopenhauer e Wagner são, portanto, imagens indiretas do próprio Nietzsche. E em que consiste, então, a imagem do próprio Nietzsche em seus escritos autobiográficos, e, mais especialmente, em *Ecce Homo*?

---

[242] Schopenhauer e Wagner, segundo Nietzsche, não foram senão máscaras atrás das quais ele falou de si mesmo, como ele confessa: "Schopenhauer e Wagner, ou, em *uma* palavra, Nietzsche..." (EH, As Extemporâneas, §1).

[243] De outra maneira afirma Kofman: "Ce ne sont pas les oeuvres dites de 'jeunesse' qui déterminent les oeuvres ultérieures, ce sont celles-ci qui font advenir les premières à eles-mêmes" "[Não são as obras ditas de 'juventude' que determinam as obras ulteriores, são as obras ulteriores que fazem advir as obras de juventude a si mesmas]" (KOFMAN, 1992, p. 64).

3

A IMAGEM DE NIETZSCHE

Ecce Homo é uma citação da Escritura tirada de uma passagem do Evangelho. Vestido de um manto púrpura e tendo sobre sua cabeça uma coroa de espinhos portando como inscrição "Jesus de Nazaré Rei dos judeus"[244], Cristo foi apresentado aos Judeus por Pôncio Pilatos com essas palavras: "Eis o homem".

Pôncio Pilatos é, para Nietzsche, a única figura digna de respeito no Novo Testamento. Manifestando nobre ironia diante da despudorada declaração de Jesus de que veio ao mundo para dar testemunho da verdade, Pilatos teria, para o filósofo, enriquecido o Novo Testamento "com a única frase que tem valor – que é sua crítica, até mesmo sua *aniquilação*: 'que é a verdade?'[245]"[246]. Ao intitular sua autoapresentação de *Ecce Homo*, Nietzsche, mediante a expressão do único personagem que ele respeita no Novo Testamento, refere a si mesmo como o Cristo violado e não reconhecido, uma vez que seus contemporâneos tinham olhos e não viam, tinham ouvidos e não ouviam, tal como o filósofo declara, em seu último livro, no Prólogo, em que manifesta sua consideração sobre a necessidade de dizer quem é e, principalmente, de não ser confundido: "Ouçam-me! Pois eu sou tal e tal. Sobretudo não me confundam!"[247].

Devido ao que ele considerava uma surdez geral, a fim de render justiça a seus escritos, o filósofo afirma a necessidade de exibir o que ele é para que não se deixe ser tomado por outro. No capítulo em que demarca a compreensão de suas obras, ele expõe que é do desejo de não ser confundido que advém a necessidade de dizer quem é: "Não desejo ser confundido – para tanto é preciso que eu mesmo não me confunda"[248]. Mais à frente, ele

---

[244] Em Latim: "Jesus Nazareth rex judeorum".
[245] Desde *Genealogia da Moral* Nietzsche expôs seu desprezo pelo *Novo Testamento* e admiração pelo *Antigo*: "Nele encontro grandes homens, uma paisagem heróica e algo raríssimo sobre a terra, a incomparável ingenuidade do *coração forte*, mais ainda, encontro um povo. No Novo, porém, nada senão pequenas manobras de seitas, nada senão rococó da alma, nada senão volutas, tortuosidades e bizarrias, mero ar de conventículo" (GM, III, §2).
[246] AC, §46.
[247] EH, Prefácio, §1.
[248] EH, Por que escrevo livros tão bons, §1.

escreve que a publicação de seu livro está intimamente relacionada com uma preocupação preventiva em relação ao mau uso que pode ser feito com ele: "[...] publico este livro antes, ele deve evitar que se cometam abusos comigo"[249]. Todas essas afirmações apontam para uma motivação fundamental de sua autobiografia: o *mal-entendido* sobre sua obra, que começava a despertar algum interesse, e que, se não fosse conjurado, poderia deturpar a sua imagem.

3.1 *Ecce Homo*: *Ecce Insanus?*

A correspondência revela que Nietzsche escreveu tanto os prefácios de 86 quanto o *Ecce Homo* a fim de neutralizar a questão sobre por que dar ouvidos às ideias de um excêntrico, doente e louco – tal como podemos averiguar em alguns fragmentos de cartas em que Nietzsche analisa os adjetivos desqualificativos que lhe são endereçados:

> Na Alemanha, preocupam-se muito com minhas "excentricidades"; mas como nunca souberam onde está o meu centro, ser-lhes-á difícil encontrar a verdade de quando e onde tenho sido "excêntrico" até agora. Por exemplo: o ter sido filólogo foi qualquer coisa situada fora do meu centro. O que não quer dizer que haja sido ruim. Assim também me parece hoje uma excentricidade ter sido um wagneriano. Foi uma experiência extremamente perigosa. Agora sei que não morri por causa desta experiência, sei também que sentido ela teve para mim: foi a prova mais forte para meu caráter. Paulatinamente, o que é mais íntimo e profundo em nós acaba nos disciplinando e nos reconduzindo à unidade; aquela *paixão* que durante muito tempo não tem nome, aquela *tarefa* da qual somos o missionário involuntário, consegue salvar-nos de toda a digressão e dispersão. Tudo isso é difícil de compreender a distância. Por isso, os meus últimos dez anos foram dolorosos e violentos. Se V. quer ouvir um pouco mais dessa história problemática, recomendo-lhe que leia as novas edições das minhas antigas obras, sobretudo os prólogos que lhes juntei agora (Carta a Fuchs, 14/12/87).

> A veemência das minhas oscilações últimas foi enorme, e dos *epithetis ornantibus* com que sou decorado pela crítica alemã (excêntrico, patológico, psiquiátrico *et hoc genus omne*), deduzo que tal violência deve ter sido apercebida de há muito. Estes senhores, que não fazem ideia do que seja

---
[249] *Id.*

> o meu centro, nem da grande paixão por cujo serviço vivo, dificilmente encontrarão onde tenho estado, até agora, fora do meu centro, e onde realmente tenho sido "excêntrico". Mas que importam que se enganem e ponham suas patas sobre mim (Carta a Deussen, 03/01/88).

> Apesar de ter chegado aos quarenta e cinco anos e ter produzido aproximadamente quinze obras (entre elas um 'non plus ultra': o *Zaratustra*), não surgiu ainda, na Alemanha, um único estudo medianamente digno de consideração sobre qualquer dos meus livros. Substituem-no pelas palavras 'excêntrico', 'patológico', 'psiquiátrico' etc... Fazem-me alvo de maldades e calúnias sem conta, e reina a meu respeito um desenfreado tom adverso em todas as publicações, tanto eruditas como populares (Carta a Seydlitz, 12/02/88)[250].

A forma que Nietzsche encontrou para afastar a acusação de "excêntrico", "patológico" e "psiquiátrico" foi fazer a exposição sumária de sua vida recolhendo os elementos que julgou indispensáveis para a compreensão psicológica de suas obras. Tal consideração pode ser corroborada na carta a Gast de 30 de outubro de 1888, na qual o filósofo confessa que o *Ecce Homo* fornece um esclarecimento psicológico de sua obra:

> Falo nele de mim mesmo com toda astúcia e serenidade psicológicas possíveis. Não quisera apresentar-me ante os homens como profeta ou monstro moral. Também neste sentido meu livro pode fazer muito bem ao evitar quiçá que se me confunda com o que é o mais contrário a mim.

Também na carta a Overbeck de 13 de novembro de 1888, ele afirma que *Ecce Homo*, "de absoluta importância, dá algo de psicológico e autobiográfico sobre mim e minha literatura".

Contudo, o episódio conhecido como o "colapso" em Turim – quando, no início do ano de 1889, Nietzsche apresentou graves sinais de desequilíbrio mental – produziu consequências nefastas não só para o filósofo como também para a sua última obra, uma vez que ela foi durante muito tempo objeto de controvérsia devido à suspeita de que traz a marca da loucura, e que, portanto, não pode servir de referência para abordar a sua filosofia – e muito menos a sua filosofia da educação.

Nos primeiros dias de 1889, Nietzsche apresentou graves sinais de desequilíbrio mental. No dia 3 de janeiro um forte abalo nervoso derrubou

---

[250] NIETZSCHE *apud* FERREIRA, 2001, p. 87.

parte considerável dos pilares sobre os quais se sustentava até então a saúde mental do filósofo. Nos dias subsequentes, ele escreveu cartas exaltadas a amigos e a personalidades públicas. Burckhardt recebeu uma dessas e, alarmado, advertiu a Overbeck. Este, por sua vez, recebera um bilhete em que Nietzsche assinara Dioniso. Assustado, Overbeck procurou o professor L. Wille, chefe da clínica de psiquiatria da Basiléia, que lhe aconselhou vivamente a buscar Nietzsche em Turim. O amigo acorreu imediatamente, deixando a Basileia no dia 7. No dia seguinte, em Turim, Overbeck encontrou Nietzsche em seu quarto tomado por convulsões e passando da agressividade à doçura. No alojamento, Nietzsche não permitia a entrada de ninguém em seus aposentos; ele perturbava o jantar dos hóspedes com seus monólogos em voz alta, seus gritos e com o som de seu piano. Com o amigo, Nietzsche regressou por trem a Basileia na noite do dia 9 ao 10 de janeiro e foi internado numa clínica para doenças nervosas[251].

Em Basileia, o Dr. Willi diagnosticou "paralisia progressiva". Informada por carta de Overbeck, a mãe de Nietzsche chegou à cidade no dia 13 e, alguns dias depois, levou o filho para a clínica universitária para doenças nervosas em Jena, pois desejava tê-lo próximo de si. Em 24 de março, Nietzsche pôde deixar a clínica e morar com a mãe nessa mesma cidade. Em maio, Franziscka e o filho deixam Jena e regressam a Naumburg. De 1891 a 94 as condições de saúde de Nietzsche pioram rapidamente. Em 92, já não reconhece nenhum dos amigos que o visitam; muitas vezes tem acesso de fúria. Em 93, sofre uma paralisia da espinha dorsal que o impede de fazer seus passeios e o obriga a usar, em casa, cadeira de rodas. A partir de 94, Nietzsche, que já não fala, berra enquanto seu rosto exprime grande serenidade. Em abril de 97, morre Franziska. Elisabeth, sua irmã, que voltara do Paraguai há sete anos, transfere o doente para perto de si em Weimar. Por volta do meio-dia de sábado, 25 de agosto de 1900, Friedrich Nietzsche morre.

Sobre as causas do colapso de Turim, surgiu toda sorte de especulação: alguns acreditavam que a paralisia cerebral se devia a causas hereditárias; outros achavam que ela tinha sido ocasionada pelo abuso de drogas; e há ainda os que especulavam que ela teve sua origem na infecção sifilítica. O comentador Karl Jaspers afirmou com propriedade que

> [...] apesar da violência das dores, apesar da longa duração dessa doença e dos profundos cortes que ela produziu na vida

---

[251] *Cf.* OVERBECK, 2000, p. 66-7 e 92ss.

de Friedrich Nietzsche, não se conseguiu um diagnóstico médico que abarque esses sintomas em uma imagem clara e univocamente conhecida da doença[252].

Pairando sobre a autobiografia de Nietzsche uma forte suspeita de trazer a marca da loucura irrompida em Turim, a discussão sobre o elo que poderia unir sua insensatez e seu pensamento razoável animou a primeira recepção do filósofo, engendrando inúmeros estudos que buscavam a estrutura patológica subjacente aos seus últimos textos. A patografia, a redução da obra a um sintoma patológico e da investigação à busca das marcas de uma neurose ou psicose, produziu, então, como consequência imediata, o descrédito da autobiografia junto à maioria dos intérpretes, tal como pode ser observado naquilo que foi escrito pelo autor de uma monumental biografia de Nietzsche:

> [...] As manifestações de Nietzsche desde o Ecce Homo, desde os começos de outubro de 1888, estão mais abertas certamente ao questionamento psicológico e psiquiátrico que um juízo sobre a relevância filosófica da obra até o Anticristo. [...] Um fato cujo significado não se pode menosprezar é que o pensamento filosófico de Nietzsche se interrompa definitivamente com o Anticristo em 30 de setembro de 1888. [...] *Ecce Homo*, até certo ponto também *Nietzsche contra Wagner*, a memória e estes ditirambos permanecem estreitamente entrelaçados como os escritos pós-filosóficos de Nietzsche. [...] Por muito valiosos e significativos que sejam os dados biográficos e os dados com respeito à história da obra, neste escrito [EH], as interpretações de suas obras em uma e outra parte, há que tomá-las com extremo cuidado. O Nietzsche que escreve o *Ecce Homo* já não é o Nietzsche que *escreveu uma obra filosófica, se enfrenta agora com ela como um estranho, "interpreta-a", pensa inclusive que só agora a entende, que só agora se faz uma ideia dela*[253].

Para Janz, desse modo, a autobiografia do filósofo não teria em si nenhum valor filosófico e não serviria para ajuizar, senão muito cuidadosamente, sobre o valor e significado filosóficos da obra que a precede.

Motivada pela proximidade da loucura e pela incapacidade de estimar o estatuto filosófico da autocompreensão de Nietzsche, essa rejeição do *Ecce Homo* como um escrito pós-filosófico foi compartilhada também

---

[252] JASPERS, 1963, p. 151.
[253] JANZ, 1993, p. 19-21.

por Philonenko. Tomando algumas linhas da autobiografia do filósofo, este afirmou: *"elas provam que as funções intelectuais de Nietzsche estão gravemente perturbadas e que é necessário conceder apenas um crédito bastante limitado a suas afirmações"*[254].

Freud foi de posição contrária. Na reunião da *Sociedade Psicanalítica de Viena* de 28 de outubro de 1908 em que Häutler falou de *Ecce Homo*, ele afirmou:

> A discussão teria sido simples: Nietzsche era paralítico. A euforia está extremamente desenvolvida, etc. etc. Mas isso seria realmente simplificar o problema. É bastante contestável responsabilizar a paralisia pelo conteúdo do Ecce Homo. Nos casos em que a paralisia atingiu grandes espíritos, coisas extraordinárias foram realizadas pouco antes da doença (Maupassant). A prova de que este trabalho de Nietzsche é plenamente válido e deve ser levado a sério é a preservação da mestria da forma. [...] Ver-se então como a doença torna-se um destino em sua vida. Esta doença é sem dúvida a causa de todos os elementos perturbadores do quadro (de sua personalidade). Mas não há nenhuma prova de uma doença neurótica. Completamente afastado da vida pela doença, ele se volta para o único objeto de pesquisa que lhe resta e do qual, como homossexual, está de qualquer modo, mais próximo: o ego. E começa, assim, com grande perspicácia – com percepção por assim dizer endopsíquica – a explorar as camadas de seu ego. [...] O essencial resta a dizer: o papel que representa a paralisia na vida de Nietzsche. É o processo de afrouxamento devido à paralisia que o tornou capaz – realização extraordinária – de passar através de todas as camadas e discernir as pulsões que estão na base (de qualquer coisa). Assim ele colocou sua disposição paralítica a serviço da ciência[255].

Karl Schlechta, o sério editor de Nietzsche, ainda que tenha reconhecido que as obras de 1888 estão marcadas pela alteração da expressão do filósofo, ou seja, pela alteração no "estilo", reconheceu também uma permanência da filosofia até o fim, pois

> [...] o pensamento permanente [de Nietzsche] se mantém mesmo quando a expressão se derrama perigosamente em uma corrente excessiva que rompe os diques cuja presença

---

[254] PHILONENKO, 1995, p. 296.
[255] NUNBERG; FEDERN, 1967, p. 35-7.

> é um dos sinais essenciais da saúde mental [...] [As obras de 1888] nasceram sobre um ritmo extraordinário e em um estado de espírito que só o triste termo "euforia" doentia pode qualificar. Mas o que importa é que nesta furiosa derrocada as ideias fundamentais subsistem: elas emergem como rochas inabaláveis, da onda sempre mais rápida, como das últimas profundezas da espiritualidade de nosso filósofo: indestrutíveis, impossíveis de perder. Elas duram até o colapso final[256].

Também para Michel Foucault não se deixa sustentar aquela diminuta apreciação da relevância filosófica do *Ecce Homo*. Em primeiro lugar, considerando que obra é, por definição, "não loucura"[257], não faz o menor sentido falar em "obra de um louco".

> A loucura é a ruptura absoluta da obra; [...] ela esboça a margem exterior desta, a linha de desabamento, o perfil contra o vazio [...] Pouco importa o dia exato do outono de 1888 em que Nietzsche se tornou definitivamente louco, e a partir do qual seus textos não mais expressam filosofia, mas sim psiquiatria: todos, incluindo o cartão-postal para Strindberg, pertencem a Nietzsche, e todos manifestam grande parentesco com a Origem da Tragédia. [...] Só há loucura como instante último da obra – esta a empurra indefinidamente para seus confins; ali onde há obra, não há loucura[258].

O problema da loucura na obra de Nietzsche, principalmente em *Ecce Homo*, bem como a questão de saber se o autor do *Zaratustra* era louco, é também, para Deleuze, sem sentido. Se para Foucault não se faz obra com a loucura, para o filósofo francês:

> Não se escreve com as próprias neuroses. A neurose, a psicose não são passagens de vida, mas estados em que se cai quando o processo é interrompido, impedido, colmatado. A doença não é processo, mas parada do processo, como no 'caso Nietzsche'[259].

Jörg Salaquarda, por fim, considerou que a interpretação do *Ecce Homo* como *hybris*, para além de toda discussão posterior, e a consideração de que a autoestimativa de Nietzsche nesse livro foi influenciada pela doença mental que precipitaria pouco depois da composição do texto, revelam

---

[256] SCHLECHTA, 1960, p. 21.
[257] FOUCAULT, 2006b, p. 182.
[258] FOUCAULT, 1978, p. 529-30.
[259] DELEUZE, 1997, p. 13-14.

> [...] o embaraço daqueles para quem a intenção do *Ecce Homo* permaneceu inacessível. Nietzsche nesse livro deu expressão à mais extrema perspectiva que a organização unificadora "Friedrich Nietzsche" pôde pela última vez impor ao agregar de todos os impulsos que nela atuavam, antes de ela cessar de existir como organização. O filósofo sabia que a perspectiva que se manifestava no *Ecce Homo* estava mais ameaçada que qualquer outra e era, além disso, um presente tardio, cuja auto-imposição temporária somente "agora" se tornava possível, "nesse da perfeito em que tudo amadurece" em que tudo o que era realmente vivo em sua vida estava 'salvo" e, dessa forma, se tornava "imortal"...[260]

Com a dissipação do preconceito psiquiátrico, a afirmação de que *Ecce Homo* é um escrito "pós-filosófico" produzido pelo delírio perde esteio, permitindo, assim, a partir de então, que o último livro do filósofo seja resgatado como uma obra de referência capital, juntamente aos prefácios de 86 às obras publicadas[261], para a compreensão do entendimento de Nietzsche em relação a si mesmo e à sua própria filosofia – e, principalmente, à sua derradeira filosofia da educação, uma vez que essa obra é subscrita sob o subtítulo do problema de educação de como alguém se torna o que é.

Como *Ecce Homo* faz não somente remissão aos prefácios de 86, como também reenvios ao corpo vivo do autor (propiciando uma leitura genética – psicológica ou histórica) e ao corpo da obra (propiciando uma leitura filosófica imanente), ele estabelece, por isso, um liame fundamental entre vida e obra. Nesse sentido, *Ecce Homo* é uma obra que não apenas, como afirma Heidegger, "deverá ser interpretada a partir do conjunto que forma todas as reflexões de Nietzsche sobre si mesmo"[262], pois seu estudo exige que sejam requisitadas também as obras publicadas e póstumas (cadernos de aforismos com seus projetos, suas emendas e notas), e, por último e não menos importante, as correspondências e os dados sócio-históricos[263].

---

[260] SALAQUARDA, 1997, p. 186. Para uma maior exposição e reflexão sobre o problema do *Ecce Homo* ser um delírio pós-filosófico, ver SANTANA, 2001, p. 147-161.

[261] Brusotti considera os prefácios de 86 uma verdadeira "autobiografia filosófica", ressaltando a importância desses textos para uma ampla compreensão da sucessão dos escritos de Nietzsche. *Cf.* BRUSOTTI, 1992, p. 9. O motivo central, segundo ele, foi a necessidade de difundir e tornar compreensível o *Assim Falava Zaratustra*, obra na qual Nietzsche acredita ter atingido o primeiro ápice de sua produção, sentindo a necessidade, por isso, de fazer a primeira grande "parada", a primeira grande prestação de contas consigo mesmo. *Cf. Id.*, p. 12. Sobre o prefácio e a "Tentativa de autocrítica", escreve Nietzsche: "[...] – um verdadeiro *esclarecimento* sobre mim – e a melhor preparação de todas para meu temerário *filho* Zaratustra" (NIETZSCHE *apud* BRUSOTTI, 1992, p. 13).

[262] HEIDEGGER, 2007, p. 206-8.

[263] Contudo, nosso estudo não visa fazer um comentário exaustivo, mas reconhece a importância de um trabalho prévio e contorna a dificuldade de esgotar a obra do filósofo considerando mais apropriado, tendo em vista seu objetivo e não deixando de levar em conta o comentário exaustivo de KOFMAN (1992; 1993), concentrar o

3.2 A inteligência de Nietzsche

O subtítulo de *Ecce Homo* – *"Como alguém se torna o que é"* – anuncia que a autobiografia do filósofo é a história de uma travessia para "si mesmo". Ele parece sugerir que vai fazer um novo "discurso do método" indicando o caminho necessário para alcançar a verdade não mais sobre as ciências, mas sobre si mesmo[264]. Porém, o texto – particularmente na penúltima parte do capítulo *"Por que sou tão inteligente"*, em que o filósofo dá a resposta à questão de como alguém se torna o que é – afirma, ao contrário do que se poderia esperar, que, inclusive, os desvios do caminho fazem parte do percurso dessa travessia para si mesmo.

> Que alguém se torne o que é pressupõe que não suspeite sequer remotamente *o que* é. Desse ponto de vista possuem sentido e valor próprios até os *desacertos* da vida, os momentâneos desvios e vias secundárias, os adiamentos, as "modéstias", a seriedade desperdiçada em tarefas que ficam além d'*a* tarefa. Pode aí expressar-se uma grande inteligência [*Klugheit*], e até mesmo a suprema inteligência: onde o *nosce te ipsum* [conhece a ti mesmo] seria a receita para a ruína, esquecer-se, mal-entender-se, empequenecer, estreitar, mediocrizar-se, torna-se a própria razão [*Vernunft*]. Em termos morais: o amor ao próximo, a vida ao serviço de outrem e de outras coisas, pode ser a medida de prevenção para conservar a mais inflexível subjetividade [*Selbstichkeit*]. Eis o caso excepcional em que, contra a minha regra e convicção, tomo o partido dos impulsos «desinteressados»: eles trabalham aqui ao serviço do amor de si [*Selbstsucht*], da autodisciplina [*Selbstzucht*]. – É preciso conservar toda a superfície da consciência – a consciência é superfície – limpa de qualquer dos grandes imperativos. Cautela com as grandes palavras, com as grandes atitudes! É nítido o risco de o instinto «se entender» demasiado depressa. – Entretanto, cresce progressivamente na profundidade a «ideia» organizadora, a ideia destinada a dominar – ela começa a dar ordens, faz-nos lentamente regressar dos atalhos e dos desvios, prepara qualidades e habilidades isoladas que um dia se revelarão como meios indispensáveis em vista do todo – Constrói uma após outra as faculdades *auxiliares*, antes de revelar qualquer coisa acerca da tarefa dominante, da «meta», do «fim», do «sentido». – Encarada por este lado minha vida é simplesmente miraculosa. Para a tarefa de uma

---

esforço nas partes da obra em que o filósofo focaliza de maneira mais explícita o problema de educação de como alguém se torna o que é, bem como os prólogos de 1886 às suas obras publicadas a partir de 1878.

[264] *Cf.* KOFMAN, 1992, p. 56.

> *transvaloração dos valores* eram necessárias talvez mais faculdades do que as que jamais coexistiram em um só indivíduo sobretudo também antíteses de faculdades, sem as quais estas se poderiam obstruir, destruir. Hierarquia das faculdades; distância; a arte de separar sem incompatibilizar; nada misturar, nada "conciliar"; uma imensa multiplicidade, que, no entanto, é o contrário do caos – esta foi a precondição, a longa e secreta lavra e arte de meu instinto. Sua *tutela suprema* revelou-se de tal maneira forte que não pressenti sequer o que em mim crescia – que todas as minhas capacidades *brotavam* um dia subitamente maduras e em sua perfeição última[265].

Na medida em que, segundo ele, a trilha pelos desvios do caminho para si mesmo pode expressar uma suprema inteligência, não partir do conhecimento de si é, para o filósofo, algo que denota suma inteligência, pelo menos em relação àqueles dos quais a tarefa ultrapasse em muito a medida comum. Alguém – e, Nietzsche deixa claro, alguém *de grande tarefa* – não se torna o que é sem essa inteligência, de caráter protetor, que se manifesta naquele que mal-entende-se, como foi o seu próprio caso.

O filósofo conta, no prólogo de 1886 ao primeiro volume de *Humano Demasiado Humano*, que foi por uma "astúcia de autoconservação"[266] que ele, no período anterior à elaboração de *Humano*, enganou-se acreditando ser Wagner um início, e não um fim, bem como fechando os olhos para o que ele considera como sendo "a cega vontade de moral de Schopenhauer"[267]. Se ele tivesse conhecimento de si naquela época, se seu instinto próprio se apresentasse no palco da sua consciência e deixasse explícita sua incompatibilidade em relação a Schopenhauer e Wagner, não se abrigaria na adoração tanto àquele quanto a este, e, assim, não se recuperaria das consequências da suspeita e do isolamento aos quais sua singular forma de ver o mundo, sua "incondicional diferença do olhar"[268] o condenara, autodestruindo-se[269]. Daí sua afirmação de que em tal engano de si manifesta uma "racionalidade e superior proteção"[270].

---

[265] EH, Por que sou tão inteligente, §9.
[266] HHI, Prólogo, §1.
[267] Id.
[268] Id.
[269] Em *Além de bem e mal*, ele afirmará que esse instinto de autoengano, ou melhor, o temor desse instinto em relação a "um pessimismo incurável" (BM, §59), está na base da interpretação religiosa do existir, pois tal instinto "pressente que se poderia ter a verdade *cedo demais*, antes que o homem se tenha tornado forte, duro e artista o bastante" (*Id.*).
[270] HHI, Prólogo, §1.

A crença, elaborada em *Humano*, de existirem "espíritos livres" era, também, segundo Nietzsche, um meio de satisfazer uma necessidade de companhia, um impulso de amar alguém identificado como sendo *seu* próximo, *seu* semelhante, a fim de "manter a alma alegre em meio a muitos males (doença, solidão, exílio, acídia, inatividade)"[271]. Os "espíritos livres", que o filósofo concebia como possuindo o olhar e desejo semelhantes aos dele, serviram, assim, de amigos nos quais sentia confiança e podia, então, recuperar-se dos efeitos não só da mais profunda desconfiança lançada pelo seu olhar para o mundo, como também da perda de saúde que, principalmente após a disenteria adquirida no ano de 1870 em sua atividade como enfermeiro no serviço auxiliar de saúde do exército prussiano em guerra contra a França, tornar-se-á cada vez mais grave. É nesse sentido que, para Nietzsche, na falta de amigos, de próximos a quem amar e continuar alegre enquanto estava mergulhado no mais profundo ermo espiritual e sendo assaltado pelas mais terríveis moléstias físicas, a crença nos espíritos livres foi também, enquanto arte da autoconservação, da preservação de si mesmo, uma medida protetora a serviço do amor de si.

O mal-entendido de si de Nietzsche, ao permitir ao filósofo a preservação de si mesmo, o amor de si – e, com isso, que se tornasse o que é – longe de ser produto de uma falta de inteligência, foi, pelo contrário, como ele afirmou, a manifestação da mais alta inteligência. Tal inteligência, como podemos identificar no trecho transcrito acima, apresenta um caráter preventivo contra a autodestruição da mais dura subjetividade. É por grande inteligência que Nietzsche combate, no caso em que o amor ao próximo pode ser medida de prevenção para a autopreservação, a própria convicção de que os impulsos chamados "desinteressados" são, em qualquer outra eventualidade, como afirmou em *Gaia Ciência*, "impulsos que destituem o homem do seu nobre amor de si e da força para a suprema custódia de si mesmo"[272]. Por servirem, naquele caso, de proteção a serviço do amor de si, foi inteligência do filósofo, portanto, tomar partido a favor dos impulsos "desinteressados".

A inteligência de Nietzsche difere da inteligência dos fracos. Mas essa diferença não se resume ao fato do filósofo ser, conforme sua declaração, forte, como veremos.

---

[271] *Id.*, §2.
[272] GC, §21. A compaixão, por exemplo, é censurada principalmente porque ela busca, segundo ele – ao falar sobre a última tentação de Zaratustra – "subtraí-lo de *si mesmo*" (EH, Por que sou tão sábio, §4).

Nietzsche escreve que possui uma boa constituição fisiológica, inata e herdada, algo que o alinha com os bem-constituídos e fortes. É na sua constituição fisiológica, típica dos fortes, que ele fundamenta sua sabedoria do perspectivismo, de ver da ótica do doente "conceitos e valores mais sãos e, inversamente, da plenitude e certeza da vida *rica* descer os olhos ao secreto lavor do instinto de *décadence*"[273]. O filósofo afirma que ele é doente *apenas como especialidade*, mas que, *como generalidade*, em seu todo, é sadio, pois a experiência ou exercício de deslocar perspectivas entre a ótica do são e a do doente pressupõe possuir, em seu fundo, o que ele chama de "instinto de autorestabelecimento", sem o qual seria incapaz de mover-se da perspectiva do doente para a perspectiva do são. Como prova de sua boa constituição fisiológica, ele argumenta que se fosse somente um *décadent* não teria, na época de menor força vital, abandonado o pessimismo[274]: "foi durante os anos de minha menor vitalidade que *deixei* de ser um pessimista: o instinto de autorestabelecimento proibiu-me uma filosofia da pobreza e do desânimo"[275]. Em tais condições, segundo ele, sua filosofia da "vontade de saúde"[276] foi, assim, a prova de que possuía um instinto de autorrestabelecimento, aquele que escolhe "os remédios certos contra os estados ruins"[277]. Se fosse fundamentalmente um *décadent*, teria escolhido "os meios que o prejudicam"[278], e, continuando a ser pessimista, causaria a si ainda mais prejuízos. Nietzsche, em sua totalidade, portanto, tal como ele quer fazer crer, não é um *décadent*, mas foi a longa lida com a *décadence* – "sou *experimentado* em questões de *décadence*"[279] – que deu a ele inúmeras oportunidades para o exercício da perspectivação dos valores, e, com ela, para a sua sabedoria.

A boa-constituição do filósofo é, portanto, a condição necessária para a sua sabedoria. Mas ser forte é, em geral, contracondição para a inteligência, pois a marca dos bem-constituídos e fortes consiste, segundo ele, em ceder insensatamente à paixão de um impulso dominante, em seguir somente a

---

[273] EH, Por que sou tão sábio, §1. O filósofo retirou o termo *"décadence"* da leitura que fez do primeiro volume dos *Essais de Psychologie Contemporaine* (1883) de Paul Bourget. Sobre a definição de Bourget e o conceito de Nietzsche, mais à frente.

[274] Como veremos mais adiante, o pessimismo a que o filósofo se refere aqui é o pessimismo que, em *Gaia Ciência*, ele denominou como sendo do tipo "romântico", seja sob a forma da filosofia schopenhaueriana da vontade ou da música wagneriana. *Cf.* GC, §370.

[275] EH, Por que sou tão sábio, §2.

[276] *Id.*, §1

[277] *Id.*, § 2.

[278] *Id.*

[279] *Id.*, §1.

perspectiva desse impulso, o que os torna estúpidos[280]. Em *A Gaia Ciência* há uma passagem que apresenta e esclarece essa falta de inteligência do forte em contraste com a inteligência do fraco:

> A natureza vulgar se caracteriza por nunca perder de vista a sua vantagem e pelo fato de este pensamento de uma vantagem e finalidade ser até mais forte que os mais fortes impulsos nela existentes: não permitir que esses impulsos a desencaminhem para ações despropositadas – eis sua sabedoria e seu amor-próprio. Comparada a ela, a natureza superior é a *mais insensata*: pois o indivíduo nobre, magnânimo, que se autossacrifica, na verdade, submete-se a seus impulsos, e, em seus melhores momentos, bloqueia a sua razão. Um animal que, arriscando a própria vida, protege seus filhotes, ou que na época do cio acompanha a fêmea até a morte, não pensa no perigo e na morte, sua razão é igualmente bloqueada, porque o prazer com suas crias ou com a fêmea e o temor de que lhe roubem esse prazer o domina por completo; ele se torna mais estúpido do que é normalmente, tal como o indivíduo nobre e magnânimo. Este possui alguns sentimentos de prazer e de desprazer tão fortes, que o intelecto tem de silenciar ou de servi-los: o coração lhe toma o lugar da cabeça e fala-se de "paixão"[281].

A dominação dos impulsos sobre os fortes, a nobre estupidez, é, portanto, o que caracteriza aqueles de boa constituição fisiológica, os fortes, e que os condena a serem submetidos aos *décadents*, aos fracos, uma vez que ela faz com que a moral nobre dos até então bem-constituídos, que diz sim à vida e a seus impulsos, não possa se impor com relação à moral de rebanho, da *décadence* dos fracos, que diz não à vida e a seus impulsos. Segundo o filósofo, a inteligência dos fracos, dos *décadents*, venceu por toda parte, dominando os fortes.

Para Nietzsche, os fracos venceram não somente porque são em maior número, mas porque "são também *mais inteligentes*"[282]:

> [...] *os fracos têm mais espírito*... É preciso ter necessidade de espírito para adquirir espírito – ele é perdido, quando não mais se necessita dele. Quem tem força dispensa o espírito

---

[280] *Cf.* SALAQUARDA, 1997, p. 179.
[281] GC, §3.
[282] CI, Incursões de um extemporâneo, §14. Em *Genealogia da Moral*, o filósofo afirmará que a inteligência [*Klug*] dos fracos é o resultado da formação de uma raça de homens de ressentimento, que contrapõem aos instintos inconscientes ou à não inteligência dos fortes sua espiritualidade (GM, I, §10).

> [...] Entendo por espírito, como se vê, a cautela, a paciência, a astúcia, a dissimulação, o grande autodomínio e tudo o que seja *mimicry* [mimetismo][283].

Os fracos são inteligentes com relação à estupidez dos até então fortes, que não se pouparam ao se deixarem consumir a serviço de um impulso dominante, mas são estúpidos com relação à análise científica que desmascara e perscruta a mendacidade interior de seu comportamento, pois, incrustados solidamente na moral da *décadence*, mesmo quando criticam os homens exteriormente morais pelas motivações imorais de suas ações, agem por convicção motivada moralmente, estão apoiados na mesma convicção de valores dos homens morais que eles censuram. Desse modo, os fracos moralistas investigam a imoralidade dos impulsos interiores no fundo dos homens aparentemente morais, mas não perscrutam o que veio a ser de toda medida moral. Ainda que questionem os fatores imorais que determinam a conduta moral dos homens aparentemente morais, os fracos aceitam, sem questionamento, a medida moral, os valores que tanto eles quanto os que eles criticam invocam.

A inteligência dos fracos – na medida em que estes não prosseguem em suas investigações sobre as motivações imorais dos homens morais, sem questionar a medida moral sobre a qual se instalam para fazerem a crítica às ações dos homens morais – é a sua estupidez. Permanecendo convictos em sua rejeição aos impulsos imorais da vida, ao não se deixarem consumir pelos impulsos, poupam-se, preservando a si mesmos. Inversamente, a estupidez dos fracos é a sua inteligência, uma vez que, ao rejeitarem os impulsos imorais da vida, torna-lhes possível não apenas o modo de vida a eles apropriado e conveniente, mas também, para além disso, o enfraquecimento dos fortes, degradando-os até seu nível[284].

O filósofo, apesar de considerar como possuindo uma constituição fisiológica característica dos fortes e, assim, diferentemente dos fracos, afirmar os impulsos, não é estúpido. Mas sua inteligência não é a mesma dos *décadents*, que enfraquecem ou aniquilam os impulsos. Ela consiste em garantir um domínio apenas *momentâneo* de *um* impulso ou complexo de impulsos, permitindo, assim, que, quando sua subjetividade está em

---

[283] CI, Incursões de um extemporâneo, §14. Oriundo das pesquisas feitas pelos ingleses, esse conceito refere-se àquela atividade animal que, com o objetivo de escapar aos perseguidores e ser favorecido na busca da presa, inclui adequar suas cores à cor ambiente, fazer-se de morto, assumir formas e cores de outro animal ou de areia, folhas, liquens, fungos. *Cf.* A, §26. Em *Gaia Ciência*, o mimetismo é descrito como a "arte do perene esconde-esconde" (GC, §361).

[284] A inteligência dos fracos supõe um conhecimento dos impulsos internos daqueles a serem ludibriados, o que se obtém por meio do *auto*conhecimento. *Cf.* MÜLLER-LAUTER, 2009, p. 108.

perigo, os impulsos que podem protegê-la, mesmo aqueles em relação aos quais ele, em geral, desconfia de serem *décadents*, passem a dominar – *porque estariam a serviço da preservação de si, do amor de si*. Assim, nem a nobre estupidez, nem a esperteza dos *décadents*. Ao invés de submeter-se ao cego domínio de um impulso dominante ou negá-lo, ele disciplina em si mesmo os múltiplos impulsos[285].

Essa inteligência se expressou em Nietzsche, na época da elaboração das duas últimas *Extemporâneas*, como vimos, no autoengano sobre Schopenhauer e Wagner. Mas ao enganar a si mesmo, o filósofo estava não somente possibilitando sua recuperação espiritual em relação às consequências da extrema desconfiança que sua diferença de olhar fazia-lhe sofrer, como também afastando de sua consciência qualquer suspeita, ainda que remota, sobre *seu* instinto, uma vez que este ainda não estava em condições de realizar a difícil tarefa de uma transvaloração dos valores e, portanto, de *saber*, de ter conhecimento ou consciência dela. Sua inteligência consistiu, desse modo, em ceder *momentaneamente* aos impulsos "desinteressados", desentendendo-se, enganando a si mesmo para evitar que seu instinto pudesse ficar consciente de si *prematuramente*. Sem essa suprema inteligência, o filósofo não teria possibilitado, então, o crescimento, fortalecimento, maturação e futuro domínio de seu impulso – e, desse modo, não teria se tornado o que é. Nesse sentido, o trabalho do seu instinto, trabalho de preparar uma multiplicidade enorme de qualidades e capacidades que, um dia, brotaram "subitamente maduras e em sua perfeição última", não teria sido possível sem essa inteligência de, por meio do autoengano, permitir o domínio dos impulsos "desinteressados" a fim de evitar que seu instinto tomasse consciência de si antes do tempo, e possibilitar, dessa maneira, que ele seguisse, antes de desabrochar, "crescendo na profundeza".

A suprema inteligência de Nietzsche possibilitou condições para a tutela suprema de seu instinto tanto ao evitar que este tivesse consciência de si sem a maturidade necessária para realizar a tarefa de transvaloração

---

[285] Nietzsche espera que o filósofo do futuro una o domínio temporário de um impulso e sua perspectiva à inteligência que não deixa tal domínio durar em demasia, servindo-se da estupidez do impulso em questão ao invés de ser assenhorado por ele. Cf. *Id.*, p. 180. Nesse sentido, não parece ser senão a voz dessa inteligência aquela que, no prólogo do primeiro volume de *Humano*, conclama: "Você deve tornar-se senhor de si mesmo, senhor também de suas próprias virtudes. Antes eram *elas* os senhores; mas não podem ser mais que seus instrumentos, ao lado de outros instrumentos. Você deve ter domínio sobre o seu pró e o seu contra, e aprender a mostrá-los e novamente guardá-los de acordo com seus fins" (HHI, Prólogo, §6). Na mesma direção, em *Para Além de Bem e Mal*, não parece ser também a voz da mesma inteligência que, em relação aos afetos, afirma: "Ter despoticamente seus afetos, seus prós e contras, ceder a eles durante horas; *montá-los* como cavalos, freqüentemente como asnos: – deve-se saber utilizar sua estupidez tão bem como seu fogo" (BM, §284). Para uma discussão sobre a figura do asno, ver SALAQUARDA, 1997.

dos valores quanto ao inventar medidas de recuperação contra os males que ameaçaram a alegria da sua alma. Dentre esses males, a doença teve, contudo, um papel positivo fundamental para ele e sua filosofia.

3.3 A libertação pela doença

No primeiro capítulo de *Ecce Homo*, o filósofo já tinha manifestado gratidão à sua doença por libertá-lo do ressentimento. Não que a doença tenha agido como um remédio contra o ressentimento. O doente, segundo o filósofo, *tende* ao ressentimento – e, portanto, a doença leva ao ressentimento. "Estar doente é *em si* uma forma de ressentimento"[286]. Em que sentido, então, a doença libertou o filósofo do ressentimento? No seguinte: a longa enfermidade possibilitou-lhe "estar *esclarecido* sobre o ressentimento"[287]. Sem a doença, ele não teria tido a experiência a partir da qual pôde conhecer que em tal estado "esmorece no homem o verdadeiro instinto de cura, ou seja, o instinto de defesa e de ofensa"[288]. Acometido durante um longo tempo por uma forte enfermidade, o filósofo pôde perceber que, no estado de doença, o doente se encontra suscetível e incapaz de reagir contra tudo o que lhe é danoso. "Não se sabe nada rechaçar, de nada se desvencilhar, de nada dar conta – tudo fere"[289]. Além disso, ele pôde avaliar que, dentre as formas de reação, a mais nociva é aquela que envolve o desejo de vingança, "o revolver venenos em todo sentido"[290]. É que ela "produz um rápido consumo de energia nervosa"[291], além de um aumento do metabolismo, o que leva rapidamente à destruição. Graças a esse conhecimento, ele pôde descobrir, então, que, contra o ressentimento, "o doente tem apenas um grande remédio – eu o chamo de *fatalismo russo*[292], aquele fatalismo sem revolta, com o qual o soldado russo para quem a campanha torna-se muito dura finalmente deita-se na neve"[293]. Ou seja: a não reação, o não querer nada diferente, é fármaco que cura não a doença, mas, no doente, o

---

[286] EH, Por que sou tão sábio, § 6.
[287] *Id.*
[288] *Id.*
[289] *Id.*
[290] *Id.*
[291] *Id.*
[292] Na *Genealogia da Moral*, o filósofo tinha escrito sobre esse fatalismo ao referir-se aos malfeitores, que, segundo ele, durante milênios, submetiam-se ao castigo "como alguém que se submete a uma doença, a uma desgraça ou à morte, com aquele impávido fatalismo sem revolta, em virtude do qual os russos, por exemplo, ainda hoje têm vantagem sobre nós, ocidentais, no trato com a vida" (GM, II, §15).
[293] EH, Por que sou tão sábio, § 6.

ressentimento que acompanha a doença e potencializa ainda mais o estado de *décadence*, impedindo a convalescença. Daí a sua afirmação:

> A grande razão desse fatalismo, que nem sempre é apenas coragem para a morte, mas conservação da vida nas circunstâncias vitais mais perigosas, é a diminuição do metabolismo, seu retardamento, uma espécie de vontade de hibernação[294].

Esclarecido sobre o ressentimento graças à doença, o filósofo passou a proibir os sentimentos de vingança e rancor tanto nos períodos de *décadence*, por serem prejudiciais, quanto nos períodos de saúde, por estarem *abaixo* dele. Nietzsche considera uma manifestação desse fatalismo seu pertinaz apego, durante anos, a situações, paragens, moradas, companhias quase insuportáveis, "uma vez que me haviam sido dispostas pelo acaso – era melhor do que mudá-las, do que senti-las como mutáveis – do que revoltar-se contra elas..."[295]. Não querer mudar nada, nem as coisas, nem a si próprio, de modo a, não sentindo nada como passível de modificação, evitar o sentimento *desenergizante* de revolta e rancor, eis a grande razão.

Segundo Nietzsche, foi devido à doença, "*por* estar quase no fim"[296], que ele foi levado à reflexão sobre as escolhas que vinha fazendo no âmbito das pequenas coisas do dia a dia, como no da alimentação, no do lugar e do clima e no da distração. Até então, no tempo de Basileia, o filósofo era, conforme relata, negligente no modo com que desperdiçava sem sentido suas forças, "sem cuidar de uma provisão para cobrir o consumo, sem mesmo refletir sobre consumo e compensação"[297]. Nesse tempo, segundo ele, faltava "uma sutil "subjetividade" [*selbstigkeit*], a *tutela* de um instinto imperioso, era um nivelar-se a qualquer um, uma "ausência de si [*selbstlosigkeit*]"[298]. Só quando a sua própria saúde degringolou e sua vida esteve por um fio é que ele pôs-se a refletir sobre o idealismo, "essa radical insensatez de minha vida"[299]. A doença, afirma o filósofo, forçou-o à razão, à "reflexão sobre a razão na realidade"[300], operando, assim, a conversão do idealismo, da razão no "ideal", metafísico, ao realismo, à "razão no real"[301].

---

[294] *Id.*
[295] *Id.*
[296] EH, Por que sou tão inteligente, § 2.
[297] *Id.*
[298] *Id.*
[299] *Id.*
[300] *Id.*, § 2.
[301] *Id.* Essa conversão é uma espécie de inversão da conversão de Sócrates, que, em *Fédon*, conta que, depois de ter procurado a "verdade" nas explicações naturais que os primeiros filósofos fizeram de todas as coisas,

3.4 O mal do idealismo

Nietzsche acusa a formação alemã, o idealismo da formação alemã, por ter ouvido tardiamente uma questão voltada completamente à realidade, questão essa que, se não fosse a doença, ele nunca teria feito: a questão de saber como *"você* deve se alimentar para alcançar seu máximo de força"[302]. A formação alemã, segundo o filósofo, "já de início ensina a perder as realidades de vista, para correr atrás de objetivos inteiramente problemáticos, 'ideais', a 'formação clássica', por exemplo"[303]. Nas escolas alemãs, ele diz, o jovem de "formação clássica" conhece uma imagem idealizada dos gregos, composta a partir dos filósofos das escolas socráticas – que não são senão, para Nietzsche, *"décadents* do helenismo"[304]. Tal imagem, afirma, não condiz com a imensa realidade, tal como exposta por Tulcídides[305] – do qual, devido ao seu realismo, o filósofo propõe a leitura como remédio à educação "clássica", à formação alemã.

No contexto de uma consideração sobre a "formação clássica" e a dissipação da juventude, da sede de saber da juventude nas instituições de educação – que inculcaram, segundo Nietzsche, de modo canhestro e doloroso, magras noções sobre os gregos, romanos e suas línguas –, o filósofo determina, em *Aurora*, qual é o princípio de toda formação: "dar um alimento apenas àquele que tem fome dele!"[306]. Esse princípio seletivo é também um princípio produtivo, uma vez que, segundo o filósofo, é preciso produzir a necessidade do conhecimento que se quer impor, como ele explicita em sua consideração sobre a formação pela qual passou.

> Quanto nos impuseram a matemática e a física, em vez de antes nos conduzir ao desespero da insciência e reduzir a milhares de problemas toda a nossa pequena vida cotidiana, nossas ocupações, tudo o que da manhã à noite sucede em casa, no ateliê, no céu, na paisagem, a milhares de aborreci-

---

notadamente Anaxágoras, afastou-se delas, decepcionado, para se dedicar exclusivamente ao logos e às ideias. *Cf.* KOFMAN, 1992, p. 300.

[302] EH, Por que sou tão inteligente, §1.

[303] *Id.*

[304] CI, O que devo aos antigos, §3.

[305] Autor de *História da Guerra do* Peloponeso, obra notável pelo agudo realismo de suas observações e análises, Tucídides (471-399 a. C.), para Nietzsche, pertence à *cultura dos realistas* e, numa época em que estavam se multiplicando em toda parte as escolas socráticas – que, como Platão, segundo o filósofo, refugiam-se no "ideal" –, ele expressa em sua dura factuidade o instinto grego, "dos velhos gregos helenos" (CI, O que devo aos antigos, §2).

[306] A, §195. Tal princípio nos remete à *Segunda Consideração Extemporânea*, na qual, como vimos, Nietzsche critica a formação histórica, que produz o erudito, o consumidor sem fome ou necessidade de saberes e conhecimentos.

dos, humilhantes, mortificantes problemas – para mostrar à nossa avidez que necessitamos mais que tudo de um saber matemático e mecânico, e ensinar-nos então o primeiro arrebatamento científico, ante a absoluta coerência deste saber! Tivessem nos ensinado apenas o respeito a estas ciências, tivessem nos feito a alma tremer uma só vez ante o martírio que é a história da ciência rigorosa, com as lutas, derrotas e novas lutas dos grandes! Chegou-nos, isto sim, um certo menosprezo das autênticas ciências, em favor da história, da "formação formal", do "classicismo"! E deixamo-nos enganar tão facilmente! Formação formal! Não poderíamos apontar os melhores professores de nossos ginásios e perguntar, sorrindo: "Onde está a formação formal? E, se falta, como podem ensiná-la?"[307].

O filósofo aponta, então, colocando uma série de questões, quais são as tarefas de uma formação que ele avalia como realmente clássica, uma vez que ela não se reduz a um mero historicismo, ou seja, a um conhecimento histórico – menos ainda a um conhecimento histórico *idealista* – sobre como pensavam e viviam os gregos antigos, mas a um conjunto de práticas que caracterizariam como um todo a formação do homem grego e romano da antiguidade clássica.

E classicismo! Aprendemos algo daquilo que os antigos ensinavam a seus jovens? Aprendemos a falar como eles, a escrever como eles? Exercitamo-nos incansavelmente na arte de esgrima da conversa, na dialética? Aprendemos a nos mover de forma bela e orgulhosa como eles, a combater, arremessar, lutar com os punhos como eles? Aprendemos algo do ascetismo prático de todos os filósofos gregos? Fomos treinados numa só virtude antiga, da maneira como os antigos a praticavam? Não esteve ausente em nossa educação toda a reflexão sobre a moral, e mais ainda a sua única crítica possível, as severas e corajosas tentativas de viver conforme essa ou aquela moral? Foi despertado em nós algum sentimento que os antigos apreciavam mais que os modernos? Foi-nos mostrada a divisão do dia e da vida, e as metas acima da vida, num espírito antigo? Aprendemos as línguas antigas tal como aprendemos as dos povos atuais – de modo a falar, a falar bem e comodamente? Em nenhuma área uma competência real, uma nova capacidade nascida de anos de empenho! Mas sim um conhecimento sobre o que os homens de outrora souberam e puderam. E que conhecimento![308]

---

[307] *Id.*
[308] *Id.*

Por ensinarem perder de vista a realidade, as escolas, em seu idealismo, não colocam uma questão de formação, para Nietzsche, de primeira ordem: a questão do regime dietético[309]. Desde mesmo a escola primária, a formação idealista, segundo o filósofo, tanto mal direciona quanto afasta artificialmente a razão das coisas pequenas e próximas, como as da alimentação.

> Sacerdotes e professores, e a sublime ânsia de domínio dos idealistas de toda espécie, inculcam já na criança que o que importa é algo bem diferente: a salvação da alma, o serviço do Estado, a promoção da ciência, ou reputação e propriedades, como meios de prestar serviço à humanidade, enquanto seria algo desprezível ou indiferente a necessidade do indivíduo, seus grandes e pequenos requisitos nas vinte e quatro horas do dia[310].

Nietzsche conta que no ano de 1865, quando do seu primeiro estudo de Schopenhauer, ele não se tornou apenas um adepto teórico daquele pessimista, engajando-se seriamente na negação de sua "vontade de vida", exatamente porque seu corpo mal alimentado e enfraquecido pela cozinha alemã não poderia exigir senão uma moral da renúncia à vida, tal como pregada pela doutrina daquele filósofo pessimista[311]. A cozinha alemã não explica, portanto, o engajamento do filósofo na doutrina schopenhaueriana da negação do que Schopenhauer chama de "vontade de viver", mas a seriedade desse engajamento. A cozinha alemã, para ele, agiu reforçando, pelos seus efeitos enfraquecedores, a necessidade de uma filosofia da renúncia à vontade de viver.

Considerando que um "bocado de uma boa alimentação freqüentemente decide se nós olhamos para o futuro com olhos vazios ou cheios de esperança"[312], o filósofo, de modo geral, atribui a preponderância de "um desgosto profundo de existir"[313] a um grande erro de dieta cometido por um povo durante um longo período de tempo. Ele dá como exemplo o budismo indiano, cuja difusão (*não* a origem) está, para ele, ligada "em boa parte ao consumo demasiado e quase exclusivo de arroz pelos indianos, e à lassidão generalizada que disso resultou"[314]. Nietzsche destaca a falta de

---

[309] *Cf.* HOYER, 2003, p. 76.
[310] HHII, O andarilho e sua sombra, §6.
[311] *Cf.* EH, Por que sou tão inteligente, §1.
[312] HHII, O Andarilho e sua Sombra, §184.
[313] GC, §134.
[314] *Id.*

noção, nas donas de casa, do valor fisiológico e médico para o preparo dos alimentos como fator de retardamento da desenvolução humana: "Por causa de cozinheiras ruins – por causa de uma total falta de razão na cozinha, o desenvolvimento do homem foi o mais longamente retardado, o mais gravemente prejudicado"[315].

O filósofo chega a estabelecer uma relação direta entre o ventre e o espírito ao corresponder o que ele chama de indigestão do *espírito alemão* às entranhas enturvadas por uma alimentação marcada por carnes excessivamente cozidas, pelas verduras gordurosas e farinhentas, bem como pela péssima qualidade dos doces. Ele concebe que a indigestão do espírito é tão fisiológica quanto a indigestão de alimentos – "e, muitas vezes, na verdade, apenas uma consequência da outra"[316]. Ora, se digerimos nossas vivências como digerimos nossas refeições, e a indigestão alimentar muitas vezes pode ser causa da indigestão espiritual, a formação, para Nietzsche, de um espírito leve e gracioso, de um homem forte e bem logrado – "que digere suas vivências (feitos e malfeitos incluídos)"[317] –, depende, em grande parte, fundamentalmente, de um regime dietético. No entanto, lamentavelmente, como o filósofo já tinha observado, "o estudo do corpo e da dieta ainda não está entre as obrigações das escolas primárias ou superiores"[318].

Quando escreve sobre nutrição, Nietzsche não considera apenas as refeições, aqueles fenômenos com os quais o indivíduo procura se alimentar e se apropriar das coisas, mas, também, as próprias vivências. As vivências, para o filósofo, são meios de alimentação de impulsos menos radicais que a fome, que podem ser satisfeitos por eles nos sonhos ou na imaginação[319]. Considerando que o significado das vivências se dá em relação com o impulso que as interpreta, ele afirma que são os impulsos que, dando significado a uma vivência, fazem dela uma preia para a satisfação de suas necessidades.

---

[315] BM, §234.
[316] GM, III, §16.
[317] Id.
[318] A, §202. No primeiro livro de *Gaia Ciência*, ele lamenta que não exista compromisso filosófico suficiente dedicado à questão da nutrição. "Seriam conhecidos os efeitos morais dos alimentos? Existe uma filosofia da nutrição? (O barulho que surge sempre a favor e contra o vegetarianismo já prova que não existe uma tal filosofia)" (GC, §7). Deve-se lembrar, no entanto, da discussão enfática de Ludwig Feuerbach a respeito da obra do fisiólogo holandês Jakob Moleschotts (1822-1893), *Teoria da Nutrição* [*Lehre der Nahrungsmittel*]. Feuerbach reconheceu essa obra como altamente importante e revolucionária, tanto no sentido filosófico quanto no ético e até no político. *Cf.* HOYER, 2003, p. 74.
[319] *Cf.* A, §119.

> Tomemos uma experiência trivial. Suponhamos que um dia, passando pelo mercado, notamos que alguém ri de nós: conforme esse ou aquele impulso estiver no auge em nós, este acontecimento significará isso ou aquilo para nós – e, conforme o tipo de pessoa que somos, será um acontecimento bastante diferente. Uma pessoa o toma como uma gota de chuva, outra o afasta de si como um inseto, outra vê aí um motivo para brigar, outra examina sua própria vestimenta, para ver se algo nela dá ensejo ao riso, outra reflete sobre o ridículo em si, outra sente-se bem por haver contribuído, sem o querer, para a alegria e a luz de sol que há no mundo – e em cada caso houve a satisfação de um impulso, seja o da irritação, o da vontade de briga, da reflexão ou da benevolência. Esse impulso agarrou o incidente como uma presa: por que justamente ele? Porque estava à espreita, sedento e faminto[320].

Desse modo, para Nietzsche, são os impulsos (particularmente os menos radicais que a fome) que, pondo significado nas vivências, ou seja, inventando suas vivências, fazem delas alimento. Uma vivência, para o filósofo, assim, não possui *valor nutritivo* em si, senão para um ávido impulso, que dela não retira um significado dado, *a priori*, mas põe um sentido construído, inventado. Ou seja, diferentemente dos outros impulsos, como o da fome, que não pode satisfazer-se inventando que pedra é pão, por exemplo, os impulsos da irritação, da agressividade, da reflexão e da benevolência satisfazem-se inventando o sentido de suas vivências, dando a elas o significado que possibilita a sua exteriorização.

O desenvolvimento do espírito, para Nietzsche, depende de uma dieta não apenas de refeições literalmente alimentícias, e refeições que lhe propiciem leveza e agilidade, mas de uma dieta *espiritual*. O crescimento e a força do espírito são possibilitados por uma alimentação espiritual composta, fundamentalmente, de reflexões sobre a realidade – como o filósofo indica, em negativo, tanto ao contar, referindo-se à sua atividade de filólogo, que no seu tempo na Basiléia "toda a minha dieta espiritual, a divisão do dia incluída, era um desperdício sem sentido de forças extraordinárias"[321], quanto ao relatar ter tido, assim que percebeu o desvio do seu instinto, e referindo-se à sua condição de erudito de formação idealista, "pena ao me ver tão magro, tão esquálido: as *realidades* faltavam inteiramente em meu

---

[320] Id.

[321] EH, Por que sou tão inteligente, §2.

saber"³²². O espírito, portanto, tem seu próprio tipo de refeição, composta de saberes – e, para os mais livres e velozes, de *poucos* saberes.

> Não existe fórmula para o quanto um espírito necessita para a sua nutrição, mas, se tem o gosto orientado para a independência, para o rápido ir e vir, para andanças, talvez para aventuras, de que somente os mais velozes são capazes, então prefere viver livre e com pouco alimento, do que preso e empanturrado³²³.

Nietzsche atribui ao idealismo o fato de ele não ter colocado também a questão do lugar e do clima adequados para aumentar o metabolismo e condicionar, assim, com a rapidez do espírito, o gênio. Após afirmar que não tem boas lembranças da infância por não ter sido vivida num clima adequado à sua fisiologia, o filósofo afirma que o idealismo, a "ignorância *in physiologicis* [em questões de fisiologia]"³²⁴, é, para ele, a verdadeira fatalidade em sua vida, causa de "todos os desacertos, todos os grandes desvios do instinto e 'modéstias' exteriores à *tarefa* de minha vida, por exemplo, que me tornasse filólogo"³²⁵. Ao dizer, mais à frente, que quase teria se tornado um estreito, encolhido e rabugento especialista se a doença não o tivesse forçado a ter finura de instintos com relação ao clima, o filósofo aponta que o idealismo estava de tal forma calcado que teria sido, em algum momento, por isso, mais forte que esse instinto, e como que transformado pelo hábito em instinto dominante. Foi essa falta de faro para o clima que o deixou surdo durante longo tempo para sua grande tarefa, desperdiçando sua seriedade na execução de tarefas vulgares, boas para outros, mas não para ele, reservado a um mais alto destino. O idealismo, portanto, foi o que obrigou a desviar de seu caminho, a dar um passo em falso numa outra direção, fazendo-o se tornar, no lugar de um gênio, um filólogo. Por isso, se o filósofo empreendeu uma reflexão e luta contra "essa radical insensatez de minha vida"³²⁶, é porque somente com essa reflexão e luta ele poderia se libertar, justamente, do idealismo.

A ninguém é dado comer qualquer alimento, muito menos viver em qualquer clima – e, o filósofo enfatiza, não é em qualquer clima que alguém particularmente excepcional pode cumprir a tarefa que lhe é própria e se

---

[322] *Id.*, §3.
[323] GC, §382.
[324] EH, Por que sou tão inteligente, § 2.
[325] *Id.*
[326] *Id.*

tornar o que é. É em função dessa tarefa, e sobretudo quando se trata de uma grande tarefa, que, portanto, não só determinados alimentos, mas também, e principalmente, certos lugares e climas devem ser privilegiados, outros interditos, sob pena de que ela seja esquecida, de fato mesmo ignorada[327]. Se, de um lado, um corpo mal alimentado não condiciona um espírito leve, de outro, um corpo mal ambientado não condiciona o gênio.

Partir do corpo – da dieta, da fisiologia, inclusive dos gestos – é, para Nietzsche, decisivo para a sina de um povo e da humanidade. Em *Crepúsculo dos Ídolos*, o filósofo afirma: "deve-se primeiro convencer o corpo"[328]. Por isso, segundo ele, a formação alemã, em seu idealismo, concentrada sobre o intelecto e a alma, engana-se ao acreditar poder obter algum resultado por meio de uma "mera disciplina de pensamentos e sentimentos"[329].

Platão foi o primeiro que relacionou a formação do corpo como elemento fundamental da pedagogia[330]. Ele sugere a ginástica, a dança, a luta e o esporte. Nietzsche valoriza os eventos de movimentos intensivos nos quais pode se formar uma poderosa corporalidade[331], como aqueles relacionados, como afirmou em *Genealogia da Moral*, com "a guerra, a aventura, a caça, a dança, jogos de luta e tudo, enfim, que inclui movimentos fortes, livres e que alegram a alma"[332]. Mas basta, segundo ele, evitar a vida sedentária para favorecer o espírito. "Ficar sentado o mínimo possível; não dar crédito a nenhum pensamento que não tenha surgido ao ar livre e num movimento livre, – no qual também os músculos não estejam festejando"[333]. O filósofo sugere, assim, atividades com as quais pode-se, com a plenitude corporal, possibilitar uma plenitude espiritual.

Por fim, Nietzsche também inclui a escolha da distração como algo sobre o qual "não se pode, por preço algum, cometer erro"[334]. Segundo ele,

---

[327] *Cf.* KOFMAN, 1992, p. 295.

[328] CI, Incursões de um Extemporâneo, §47.

[329] *Id.* Em *O Anticristo*, o filósofo comenta, atacando a *Bildung*, a *formação* das instituições de ensino da Alemanha, que na antiguidade greco-romana havia finura no tato e no gosto como corpo, gesto, instinto – e não como treino cerebral, "como formação 'alemã' com modos grosseiros" (AC, §59). O que o filósofo critica na *formação*, na *Bildung* dos estabelecimentos de ensino alemão, é, portanto, a falta de uma *Züchtung*, de uma educação do corpo. *Cf.* WOTLIG, 2011, p. 28.

[330] *Cf.* PLATÃO, Leis, 790d.

[331] É, possivelmente, referindo-se ao modo de vida de Platão que Nietzsche se refere a ele, no entanto, como desprezador do corpo. "Prazer e falta de prazer já lhe são penosos. Evidentemente ele jejuava e vivia abstinente". *Cf.* HOYER, 2003, p. 72.

[332] GM, I, §7.

[333] EH, Por que eu sou tão sábio, §1.

[334] EH, Por que eu sou tão sábio, §3.

aos períodos de trabalho sucede o tempo de distração, indicando, com isso, a necessidade de distração como necessidade de descanso para reposição das forças despendidas em períodos fecundos de criação. Tal como no caso da alimentação e do clima, certas distrações devem ser permitidas, outras proibidas – e "a medida em que um espírito é *sui generis* torna ainda mais estreitos os limites do que lhe é permitido, ou seja, útil."[335]. A escolha de uma distração, portanto, é também, para o filósofo, fundamental para que alguém se torne o que é, principalmente se esse alguém tem grandes trabalhos a realizar.

No contexto do discurso sobre a distração, Nietzsche faz mais uma vez uma consideração sobre a formação alemã. Ao comentar sobre as leituras que fazem parte de sua distração, e, particularmente, das que são recorrentes, como a dos velhos franceses, o filósofo afirma que crê apenas na formação francesa, e que vê "como um mal-entendido tudo o mais que se denomina "formação" na Europa, para não falar da formação alemã..."[336]. E em que ele fundamenta essa crença e essa visão? Encontramos a resposta para essa questão num livro publicado no mesmo ano da redação do *Ecce Homo*: *Crepúsculo dos Ídolos*.

Para Nietzsche, o sistema de educação superior da Alemanha, ao colocar o *Reich* como finalidade, tornando muitos homens jovens utilizáveis para o Estado, perdeu, justamente, a *formação* como fim[337]. Com tal finalidade, o sistema alemão de educação superior fez, desse modo, regredir a seriedade, profundidade e paixão alemã nas coisas do espírito. "Tenho contato, aqui e ali, com universidades alemãs: que atmosfera reina entre os seus eruditos, que desolada, satisfeita e morna espiritualidade!"[338]. Como o filósofo observou:

> Paga-se caro por chegar ao poder: o poder *imbeciliza*... Os alemães – já foram chamados de povo de pensadores: ainda pensam atualmente? – Os alemães agora se entediam com o espírito, eles agora desconfiam do espírito, a política devora toda seriedade perante coisas realmente espirituais[339].

Que a educação superior alemã tenha o *Reich* como finalidade, isso é o suficiente para que seja perdida a formação – e, com ela, seja declinada a cultura.

---

[335] *Id.*
[336] *Id.*
[337] *Cf.* CI, O que falta aos alemães, §5.
[338] *Id.*
[339] *Id.*, §1.

> Se a pessoa se dedica ao poder, grande política, economia, comércio mundial, parlamentarismo, interesses militares – se despende para *esse* lado o *quantum* de entendimento, seriedade, vontade, autosuperação que é, então ele faltará no outro lado. A cultura e o Estado – não haja engano a respeito disso – são antagonistas [...]. Um vive do outro, um prospera à custa do outro. Todas as grandes épocas da cultura são tempos de declínio político: o que é grande no sentido cultural é apolítico, mesmo *antipolítico*[340].

Desse modo, se Nietzsche crê apenas na formação francesa é porque a França não é, em sua época, como a Alemanha, uma potência estatal – e, por isso mesmo, tornou-se refúgio da cultura.

> No mesmo instante em que a Alemanha se alça como grande potência, a França adquire renovada importância como *potência cultural*. Já agora, muita seriedade nova, muita *paixão* nova do espírito migrou para Paris[341].

Na expressão "Onde chega [*reicht*], a Alemanha estraga [*verdirbt*] a cultura"[342], o filósofo faz o jogo de palavras com o substantivo *Reich* (reino, império) e o verbo *reichen* (chegar, alcançar) para enfatizar justamente o efeito prejudicial, para a espiritualidade, do Estado, do *Reich* alemão, então em ascensão.

> Na história da cultura européia, a ascensão do *Reich* significa sobretudo uma coisa: uma *mudança do centro de gravidade*. Em toda parte se sabe: no principal – que continua sendo a cultura – os alemães não são considerados. As pessoas perguntam: vocês têm ao menos *um* espírito que *conte* para a Europa? Como o seu Goethe, seu Hegel, seu Heinrich Heine, seu Schopenhauer contava? – Não cessa de causar espanto que não haja mais um único filósofo alemão[343].

---

[340] *Id.*, §4.
[341] *Id.*
[342] EH, Por que eu sou tão sábio, §3.
[343] CI, O que falta aos alemães, §4. A política é, para Nietzsche, um dos alimentos que fazem parte de uma dieta, composta também por jornais, cerveja e música wagneriana, responsável pelo definhamento do espírito alemão. *Cf.* GM, III, §6. Já nas conferências *Sobre o futuro dos nossos estabelecimentos de formação*, o filósofo afirmou que a forma grosseira, superficial e jornalística com que era ensinada a língua nacional estava relacionada ao atrelamento da educação aos interesses do Estado, uma vez que a formação ficou a serviço de uma "cultura" utilitária, o que, para ele, é o coroamento da mediocridade e da barbárie. Em *Opiniões e Sentenças Diversas*, Nietzsche atribuiu o sufocamento do espírito alemão não somente aos jornais, mas também à cerveja. *Cf.* HHII, OS, §324. Em *Crepúsculo dos Ídolos*, o filósofo chega a perguntar: "Como é possível que homens jovens, que devotam a existência aos objetivos mais espirituais, não percebam dentro de si o primeiro instinto da espiritualidade, o *instinto de autoconservação do espírito* – e bebam cerveja?" (CI, O que falta aos alemães, §2). E, em *Além do Bem e do*

3.5 O instinto dominante

Depois de escrever, em *Ecce* Homo, sobre suas escolhas em matéria alimentar, de lugar, de clima e de distração, Nietzsche expõe que, nelas, reina o instinto de autoconservação, "que se expressa da maneira mais inequívoca como instinto de autodefesa"[344]. É esse instinto que ordena não se deixar coagir, constranger: "Não ver muitas coisas, não ouvi-las, não deixar que se acerquem – primeira prudência"[345]. Que ele escolha para sua distração, por exemplo, poucos e não muito variados "livros agradáveis, livros inteligentes e espirituosos"[346] é porque uma cautela "e mesmo hostilidade para com novos livros fazem parte de meu instinto"[347]. O instinto de autoconservação protege o espírito do acaso dos encontros e o constrange, assim, a selecionar aquilo que vai ao encontro de sua necessidade. Se esse instinto é também chamado de "*gosto*"[348] é porque ele, justamente, *seleciona* – não permite que se coma ou beba *qualquer* alimento ou bebida, que se vá a *qualquer* lugar, a *qualquer* clima, que se tenha *qualquer* distração.

O instinto de autodefesa não é um *princípio de seleção* sem ser também um *princípio de economia*. "Seu imperativo obriga não só dizer *Não* onde o *Sim* seria um "altruísmo", mas também a *dizer Não o mínimo possível*"[349]. Assim se explica por que Nietzsche considera o instinto de autodefesa a expressão do instinto de autoconservação: ele evita dispêndios, gastos de força, que não deixam de ser também danos, prejuízos, possibilitando a autopreservação. "O rechaçar, o não deixar que se aproximem é um gasto – não haja engano –, uma energia *desperdiçada* para fins negativos"[350]. Assim, repelir muitas coisas é uma prudência, mas não prevenir-se de *ter de* repeli-las é uma insensatez. "Pela simples necessidade constante de defesa é possível tornar-se fraco a ponto de não mais poder se defender"[351]. O instinto de autodefesa defende-se, antes de qualquer coisa, assim, da *necessidade de defesa* – e isso porque ele defende, fundamentalmente, a *força*, evitando que ela seja despendida desnecessariamente.

Mal, ele afirmou que a cerveja e a música alemã (referindo-se, certamente, à música wagneriana) trabalham para a germanização de toda a Europa, qualificando a música alemã, em *Crepúsculo dos Ídolos*, como sendo "constipada e constipadora" (BM, §244) – e, portanto, nociva para a agilidade do espírito.

[344] EH, Por que sou tão inteligente, § 8.
[345] *Id.*
[346] *Id.*, §3.
[347] *Id.*
[348] *Id.*, §8.
[349] *Id.*, §3.
[350] *Id.*
[351] *Id.*

> Outra prudência e autodefesa consiste em *reagir com a menor frequência possível* e subtrair-se a situações e relações em que se estaria sujeito a como que suspender sua "liberdade", sua iniciativa, e tornar-se apenas reagente[352].

Essa prudência se distingue da primeira porque nela o que está em jogo é o evitar ao máximo possível ficar na posição de quem apenas responde a um estímulo, como quem responde a um mando exterior, perdendo, com isso, sua liberdade, isto é, a possibilidade de uma ação que brote espontaneamente, ou seja, não da reação a uma outra força, *a serviço de* uma outra, mas da ação, da afirmação da própria força. A autodefesa aqui consiste em buscar manter-se livre de tudo o que *obriga* a deixar de agir, por iniciativa própria, e imponha a *ter de* re-agir, em relação a terceiros. Nietzsche toma como contraexemplo o erudito, que, por embotamento do instinto de autodefesa, ao pensar não por si, mas a partir dos livros, não age, apenas reage – e, assim, gasta sua energia à crítica do já dado ao invés de canalizá-la para uma criação[353].

São as coisas que envolvem as necessidades mais básicas da vida que, de acordo com Nietzsche, constituem as condições essenciais para a formação. Ora, na medida em que a escolha de alimentos, lugares, climas e distrações manifesta o comando de um instinto particular, se alguém, e particularmente alguém excepcional, não pode se tornar o que é escolhendo qualquer alimento, qualquer lugar, qualquer clima e qualquer distração, então alguém não pode se tornar o que é sem o domínio de seu instinto próprio – e, nos casos excepcionais, sem a *não* consciência desse instinto durante o tempo em que, enquanto outros impulsos, por meio do autoengano, trabalham a serviço do amor de si, cresce e prepara as faculdades necessárias para a realização de sua grande tarefa.

Para o filósofo, aqueles que olham com desprezo as coisas fundamentais da vida e tudo o que é corpóreo falseiam, entre outras questões, as da educação, uma vez que partem de conceitos sem qualquer relação com a realidade, como os conceitos de "Deus", "alma", "virtude", "além", "verdade", "vida eterna"[354]. Tais desprezadores, ao desqualificarem, por meio daqueles conceitos, o único mundo real em nome de um mundo "ideal", vivendo nessa mentira por excelência que é o idealismo, não conduzem o homem pelo caminho que o leva a "si mesmo", o caminho da formação. Pelo contrário. Idealismo e formação são, para o escritor, mutuamente excludentes.

---

[352] *Id.,* § 8.
[353] *Id.*
[354] *Cf.* EH, Por que sou tão inteligente, §10.

Foi num mesmo movimento que se deu, em Nietzsche, a conversão do idealismo ao "realismo" e o processo da sua formação. Tal conversão tem início nas semanas do primeiro festival de Bayreuth, quando, segundo a narrativa do filósofo, depois de testemunhar com estranheza Wagner ser traduzido para o alemão[355], percebeu que seu instinto tinha sido desviado, viu que era hora de refletir e notou subitamente que sabia apenas inúteis idealidades, mas nenhuma realidade, ocupando-se, por isso, a partir de então, apenas de fisiologia, medicina e ciências da natureza[356]. Seu instinto, numa primeira erupção de vontade e força de determinação própria dos valores, decidiu deixar de seguir os valores alheios[357], libertando a alma da obediência à moral do outro[358] e o espírito da alienação de si. "Em nenhum outro sentido a expressão 'espírito livre' quer ser entendida: um espírito *tornado livre,* que de si mesmo de novo tomou posse"[359]. A doença veio, a tempo, em ajuda do filósofo, poupando-lhe qualquer ruptura violenta, possibilitando-lhe inversão dos hábitos, ordenando-lhe *esquecer*, proibindo-lhe o sentimento de vingança, obrigando-o à quietude, ao ócio, ao esperar e ser paciente.

> Mas isto significa pensar!... Apenas meus olhos puseram fim à bibliofagia, leia-se "filologia": estava salvo dos livros, nada mais li durante anos – o maior benefício que me concedi! – Aquele Eu mais ao fundo, quase enterrado, quase emudecido sob a constante *imposição de ouvir* outros Eus (- isto significa ler!), despertou lentamente, tímida e hesitantemente – mas enfim *voltou a falar*[360].

Desse modo, a imagem que Nietzsche fornece de si mesmo é a imagem de alguém que afirmou o eu, que retornou a si. Esse retorno a si só aconteceu por intervenção de uma inteligência, que o fez, durante um certo tempo, desconhecer a si mesmo, enganar a si mesmo, a fim de que seu instinto dominante pudesse crescer na sua profundidade, inconsciente, enquanto outras capacidades eram desenvolvidas e possibilitassem, depois, as condições de sua emergência. É a imagem, portanto, de alguém que, fazendo reinar em si, após intervenção daquela inteligência, o instinto dominante de autoconservação, tornou-se o que é.

---

[355] *Cf.* EH, Humano Demasiado Humano, §2.
[356] *Cf. Id.,* §3.
[357] *Cf. Id.*
[358] *Cf.* HHI, Prefácio, §3.
[359] EH, Humano, §1.
[360] EH, Humano, §4.

Porque *tal* sou eu, no mais fundo do meu ser e desde o início: alguém que tira, que tira a si, para cima, para o alto, um tirador, criador e tratador, que não em vão, um dia, determinou a si mesmo: "Torna-te quem és!"[361].

---

[361] ZA, IV, O Sacrifício do Mel.

4

A ÉTICA DO EU DE NIETZSCHE

> *Ah, dorme na pedra para mim, ó, homens, uma estátua,*
> *a imagem das minhas imagens! Ai de mim,*
> *que ela deva dormir na pedra mais dura e mais feia!*[362]

Descritas as imagens de Schopenhauer e Wagner, bem como a do próprio Nietzsche, resta agora, sempre orientados pelos textos autobiográficos do próprio filósofo, percorrer as obras publicadas que correspondem ao período que estabelecemos como sendo o período da derradeira filosofia nietzscheana da educação. Nossa tarefa consiste, agora, em extrair e relacionar todas as indicações diretas e indiretas com o problema de educação de como alguém se torna o que é.

4.1. Humano Demasiado Humano

Humano Demasiado Humano (1878) testemunha a obediência, a sujeição da jovem alma a um instinto. "Um ímpeto ou impulso a governa e domina"[363]. É nesse sentido que essa obra é considerada pelo filósofo o "monumento de uma rigorosa disciplina de si"[364], ou seja, de um rigoroso regime de ordem imposto pelo instinto dominante, o instinto de autoconservação, sobre os demais. Momento de uma crise, o livro assinala o conflito de um pluralismo de forças que se trataram de hierarquizar em se submetendo à perspectiva do instinto verdadeiramente dominante e que não se tinha ainda afirmado como tal[365].

A guerra do instinto de autoconservação contra o idealismo foi uma "guerra sem pólvora e fumaça, sem atitudes guerreiras, sem *pathos* e membros contraídos – tudo isso seria ainda idealismo"[366], uma vez que a mobilização

---

[362] ZA, II, Nas ilhas bem-aventuradas.
[363] HHI, Prefácio, §3.
[364] EH, Humano Demasiado Humano, §5.
[365] *Cf.* KOFMAN, 2003, p. 176.
[366] EH, Humano Demasiado Humano, §1.

de forças para a luta expressaria ignorância *in physiologicis*, falta de esclarecimento sobre os efeitos deletérios de um dispêndio de forças solicitado em um período de fraqueza. Para a preservação de sua força, o instinto do filósofo fez, desse modo, contra o idealismo, uma guerra *fria*, sem dispêndio de energia em uma *calorosa* batalha: "o ideal não é refutado – *ele congela*..."[367].

O filósofo congela, por exemplo, a idealização do gênio mostrando que a atividade dele não é um "milagre", de natureza divina, mas, sim, como toda a atividade humana, produto de um longo e contínuo trabalho prévio[368]. Rebaixado à sua verdadeira condição de humano, demasiado humano, o gênio já não causa, então, nenhuma veemente exaltação – porque "quando podemos presenciar o devir ficamos algo frios"[369].

Da mesma maneira, Nietzsche congela a idealização do santo. Dando uma explicação racional ao que é visto como sobrenatural e miraculoso, o filósofo afirma que os atos de sacrifício de si do santo não são feitos pelo outro, mas que o outro dá ao ânimo em alta tensão, à grande emoção sentida diante de tudo o que excita fortemente, apenas uma oportunidade de se aliviar, de se descarregar por meio da abnegação[370]. O sacrifício de si expressa, assim, o "prazer na *emoção em si*"[371]. Também não há, no santo, nada de miraculoso na renúncia da própria vontade, pois, com tal renúncia e subordinação a uma vontade alheia, ele facilita a própria vida, uma vez que "é mais fácil renunciar de todo a um desejo do que mantê-lo moderado"[372], "é mais difícil afirmar a personalidade sem hesitação e sem obscuridade do que dela se libertar de tal modo; além disso, requer muito mais espírito e reflexão"[373]. O autodesprezo, a tortura de si mesmo por meio de jejum e açoitamento, a luta contra a própria vaidade, contra o desejo de glória e domínio, bem como contra os apetites sensuais – tratados como "inimigos interiores"[374] – são, para o filósofo, meios de emergir do torpor e do tédio nos

---

[367] *Id.* Em *O Anticristo*, o filósofo escreverá: "Refuta-se algo colocando-o atenciosamente sobre o gelo" (AC, §53).
[368] *Cf.* HHI, §162.
[369] EH, Humano Demasiado Humano, §1.
[370] *Cf.* HHI, §138.
[371] HHI, §140.
[372] HHI, §139.
[373] *Id.*
[374] O que torna o homem, segundo Nietzsche, ruim, uma vez que ao associar a ideia de mau a uma coisa natural – no campo do erótico, por exemplo – "incomoda, obscurece a imaginação, dá um olhar medroso, faz o homem brigar consigo mesmo e o torna inseguro e desconfiado: até os seus sonhos adquirem um ressaibo de consciência atormentada" (HHI, §141). Lançando suspeitas sobre sua natureza e ensinando-lhe a se perceber, assim, como ruim – já que não pode despir-se da natureza –, a religião e os metafísicos, para o filósofo, querendo o homem mau e pecador por natureza, buscam torná-lo ruim. *Cf.* HHI, §141.

quais o santo se afunda frequentemente por conta de sua grande preguiça em refletir e de sua referida subordinação à vontade alheia[375].

> O excêntrico e doentio de sua natureza, com sua junção de pobreza espiritual, saber precário, saúde arruinada, nervos superexcitados, permanecia oculto tanto a seu olhar como ao de seu espectador[376].

Mostrando, desse modo, que o estado de alma do santo é composto de elementos humanos, demasiado humanos, o filósofo, assim, resfria até o congelamento o ardor extraordinário com que o santo, até então, tinha dominado a imaginação de povos e épocas inteiras.

Os dois volumes de *Humano Demasiado Humano* (1878-1880), tomados em seu conjunto, ensinam, segundo Nietzsche, uma "doutrina da saúde"[377], e, nesse sentido, possuem um caráter tão pedagógico quanto médico. Por meio das centenas de reflexões aforísticas atuando como fármacos espirituais contra o pessimismo, o filósofo visa educar e, principalmente, curar[378] a si mesmo, bem como a seus leitores[379], particularmente os pessimistas, pois ele busca dar "uma lição aos pessimistas de hoje"[380], e se defronta, sobretudo, com o seu grande mestre Schopenhauer, "ao qual aquele livro, a paixão e a secreta oposição[381] daquele livro se dirigem como a um contemporâneo"[382].

---

[375] *Cf.* HHI, §140.

[376] HHI, §143.

[377] HHII, Prefácio, §2.

[378] Essa cura é uma "cura espiritual" (HHII, Prólogo, §2) contra o "adoecimento temporário da mais perigosa forma de romantismo" (HHII, Prólogo, §2). Nietzsche não explicita em que consiste essa forma mais perigosa de romantismo, mas se considerarmos que, o que ele chamou, referindo-se a Wagner e Schopenhauer, de "romantismo em artes e conhecimento" corresponde à dupla necessidade, descrita no aforismo 370 de *Gaia Ciência*, em relação ao homem que sofre de empobrecimento de vida, seja de repouso, quietude, mar liso, redenção de si mesmo pela arte e pelo conhecimento, seja de embriaguez, espasmo, ensurdecimento, delírio; e que ele considera Wagner aparentado ao "romantismo francês da última fase, aquela espécie arrebatadora de artistas como Delacroix" (BM, §256) – um importante pintor do romantismo francês que Nietzsche considera um "típico *décadent*" (EH, Por que sou tão inteligente, §5) – é provável que ele se refira, então, ao que podemos chamar aqui de uma forma *décadent* de romantismo, marcada, fundamentalmente, na medida em que é *décadent*, pelo ressentimento, pelo instinto de vingança.

[379] *Cf.* SCHACHT, 1998, p. 320.

[380] HHII, Prólogo, §2.

[381] Vide, por exemplo, o primeiro aforismo de *Humano*, no qual Nietzsche põe em cena uma oposição entre a filosofia metafísica (de Schopenhauer) e a filosofia histórica.

[382] GM, "Prefácio", §5. Antes de *Humano*, mesmo durante a confecção da terceira *Extemporânea*, Nietzsche já questionava Schopenhauer, mas não manifestava sua oposição. Ele afirma que "na terceira *Consideração Extemporânea*, quando expressei minha reverência por meu primeiro e único educador, o grande Arthur Schopenhauer – agora eu a expressaria de maneira ainda mais forte e mais pessoal – eu já estava, quanto à minha pessoa, em pleno ceticismo e decomposição moral, ou seja, tanto na crítica quanto no aprofundamento do pessimismo até então havido – e não acreditava 'em mais nada', como diz o povo, nem em Schopenhauer" (do prefácio de 1886 para a nova edição do v. II de

4.2 Aurora

Tal como em *Humano Demasiado Humano*, Nietzsche faz, em *Aurora* (1881), uma guerra sem pólvora, mas não contra o idealismo, e, sim, contra a *moral*. É uma guerra sem pólvora porque ele não refuta a moral, ou seja, não reage contra ela – isso seria ainda um gasto de força não recomendável pelo seu instinto de autopreservação. O que ele faz, então? Se em *Humano* o filósofo retira o calor dos "ideais", até congelá-los, em *Aurora* ele retira a "confiança na moral"[383]. Ele não desperdiça suas forças atacando a moral, ela "apenas não é mais tomada em consideração"[384] – ou seja, a moral não é tida em boa conta. Já no início do livro, por exemplo, Nietzsche afirma que um dia, tal como perdeu valor a crença na feminilidade ou masculinidade do sol, a crença na existência de uma relação de tudo com a moral, de um significado ético do mundo, também perderá valor[385]. Desse modo, a moral sequer é considerada por ele como válida.

O filósofo mostra também que a moral tem fundamentos defeituosos, pois ela se origina em conclusões errôneas, que estabelecem o caráter prejudicial em si ou benéfico em si das coisas a partir de experiências pessoais e fragmentárias.

> A *origem de toda moral* deve ser buscada nas pequenas conclusões execráveis: "O que me prejudica é algo *ruim* (prejudicial em si); o que me ajuda é algo *bom* (benéfico e vantajoso em si); o que me prejudica *uma vez ou algumas vezes* é o elemento inimigo em si e por si; o que me ajuda *uma vez ou algumas vezes* é o elemento amigo em si e por si". *O pudenda origo* [Oh, vergonhosa origem]! Não significa isso imaginar que a reles, ocasional, muitas vezes casual *relação* de um outro para conosco é sua *essência* e o que tem de mais seu, e afirmar que ele é capaz de ter, com todo o mundo e consigo mesmo, apenas relações como a que vivenciamos uma ou algumas vezes com ele? E por trás dessa verdadeira tolice não se

---

Humano Demasiado Humano, KGW, IV/3, p. 3-4). Ver também o anterior, esboço não-publicado dessa mesma passagem, bem como a nota de Primavera de 1880/Primavera de 1881, KGW, V/I, p. 748-49. *Cf.* BREAZEALE, 1998, p. 10.

[383] A, Prólogo, §4. Nietzsche pergunta: "e por quê? *Por moralidade!* Ou como deveríamos chamar o que neste livro – *em nós* – sucede? Pois, conforme nosso gosto, preferiríamos palavras mais modestas. Mas não há dúvida, também a nós se dirige um 'tu deves', também nós obedecemos ainda a uma severa lei acima de nós – e esta é a última moral que ainda se nos faz ouvir" (*Id.*), aquela segundo a qual, de acordo com o filósofo, tudo o que é considerado caduco e superado – os velhos ideais como Deus, virtude, verdade, justiça, amor ao próximo – não deve ser retomado. "Em nós se realiza, supondo que desejem uma fórmula – *a autossupressão da moral*" (*Id.*).

[384] EH, Aurora, §1.

[385] *Cf.* A, §3.

acha o mais imodesto dos pensamentos ocultos, o de que nós mesmos devemos ser o princípio do bem, pois o bem e o mal se medem conforme a nossa medida?[386]

Afirmando, assim, que os juízos morais estão fundados em erros, negando que os juízos morais repousem sobre verdades[387], Nietzsche não dá bom crédito à moral – e, particularmente, à moral que era tida como moral *em si*, uma vez que, na sua época, era conferido, em toda parte, valor incondicional ao que é altruísta e valor depreciativo ao que é egoísta: a "moral da renúncia de si"[388].

O valor incondicional atribuído à moral da renúncia de si, concebida, em seu tempo, então, como *a* moral, foi, segundo ele, sendo estabelecido ao longo dos séculos a partir de uma prática eclesiástica que, paulatinamente, foi tomando o lugar de relevo antes ocupado pela crença na felicidade eterna. O filósofo conta que a crença fundamental e egoística do cristão na eterna salvação pessoal – a liberação do pecado e da danação eterna que se segue à permanência no pecado – foi, pouco a pouco, junto aos dogmas sobre os quais se apoiava, passando para o segundo plano, enquanto era deslocado para o primeiro, "em sintonia com a prática desmesurada da eclesial misericórdia"[389], a crença no "amor ao próximo". Desse modo, a crença egoística na bem-aventurança deixou de sobressair e a crença altruística no amor ao próximo passou para a posição de destaque, exigindo o autossacrifício do indivíduo.

O autossacrifício do indivíduo é também, segundo Nietzsche, uma exigência de uma outra moralidade, e muito mais antiga: a moralidade ou eticidade do costume. Tendo ordenado o modo de vida de milênios inteiros da humanidade – a educação, os cuidados da saúde, o casamento, as artes da cura, a guerra, a agricultura, a fala, o silêncio, o relacionamento de uns com os outros e com os deuses – a moralidade do costume consiste na observação dos preceitos sem pensar em si como indivíduo, na obediência à tradição, a uma "autoridade superior que se obedece não porque ordena o que nos é útil, mas porque *ordena*"[390]. Desse modo, a diferença entre a exigência da moral da abnegação e a do costume está no fato de que o homem considerado mais moral, para a moralidade do costume, não é aquele que se sacrifica *pelo*

---

[386] A, §102.
[387] *Cf.* A, §103.
[388] EH, Aurora, §2.
[389] A, §132.
[390] A, §9.

outro, como reza a moral da renúncia de si, mas aquele que se sacrifica *pela tradição*. "A autossuperação é exigida *não* por suas consequências úteis para o indivíduo, mas a fim de que o costume, a tradição, apareça vigorando, não obstante toda a vantagem e desejo individual"[391].

Depois de milênios da moral da tradição, surgiu, então, uma outra moral, que também exigiu o autossacrifício, mas, diferentemente da moral do costume e da moral da renúncia de si (que ainda nem existia), determinou a realização de certas ações de autossuperação não pelo costume (e muito menos pelo outro), mas pela vantagem para o indivíduo. Foi com Sócrates, conta o filósofo, que surgiu pela primeira vez, opondo-se à moralidade do costume, uma moral – moral do autodomínio e abstinência – elogiada no indivíduo, então, "como a *sua* chave pessoal para a felicidade"[392]. Ou seja, a moral socrática era, diferentemente da moral da tradição, louvada pelos benefícios que ela pode propiciar justamente àquele que a pratica.

Envolvendo o mesmo aspecto de vantagem individual da moral socrática, apareceu, em seguida, a moral cristã, como vimos, do cuidado pelo indivíduo com a sua própria salvação (moral pela qual os cristãos eram considerados maus para a velha cepa de romanos, educada pela moralidade do costume). No entanto, o desvio operado na religião cristã pela prática eclesial da compaixão suscitada pela miséria alheia desenvolveu-se e tornou-se, então, o tronco comum das diversas formas morais existentes no século XIX, seja o altruísmo de August Comte (com a fórmula moral do viver para os outros), o utilitarismo de Stuart Mill (com a doutrina do útil ao outro como princípio de ação) ou mesmo o socialismo[393], construído sobre o terreno comum das doutrinas citadas, incluindo aquela, de Schopenhauer, dos afetos da compaixão como princípio de ação[394]. Com as moralidades

---

[391] *Id*.

[392] *Id*. Em *Crepúsculo dos Ídolos*, Nietzsche dirá que a moralidade socrática, "moral do aperfeiçoamento" (CI, II, §11), com sua ênfase na razão, na racionalidade a todo custo, numa vida clara, fria, cautelosa, consciente, sem instintos, em resistência aos instintos, longe de ser um caminho para a felicidade, é apenas uma expressão, mudada por Sócrates, da *décadence* – e não sua eliminação. "*Ter* de combater os instintos – eis a fórmula da *décadence*: enquanto a vida *ascende*, felicidade é igual a instinto" (*Id.*).

[393] A crítica de Nietzsche ao socialismo, como bem mostrou Montinari, deve ser referida à parte da realidade que ele conhecia, no caso, ao único expoente importante da social-democracia alemã: Lassalle, com sua fé no Estado. Tomando em conta essa referência, Nietzsche representa o socialismo como sendo o máximo de Estado possível. Por ser contra isso, ele assume de Paul Lagarde a palavra de ordem: "menos Estado possível!". Nietzsche não conheceu Marx, que, em 1875, em sua *Crítica ao programa de Gotha*, também fez crítica à fé da seita lassalliana no Estado. No máximo, ele pode ter lido o nome do escritor de *O Capital* por meio da leitura de Eugen Dühring, também criticado por Nietzsche. O filósofo concentra sua polêmica antissocialista na questão da "igualdade", mas o alvo central da polêmica anti-igualitária de Nietzsche é o próprio cristianismo. *Cf.* MONTINARI, 2002, p. 42-44.

[394] *Cf.* A, §9.

de então, originadas no desvio do cristianismo, vive-se uma época na qual anseia-se a adequação do indivíduo, pela sociedade, às necessidades gerais; almeja-se a transformação do indivíduo em membro útil e um instrumento do todo; exige-se "que o *ego* negue a si mesmo"[395]; deseja-se, explicitamente ou não, "o enfraquecimento e supressão do indivíduo"[396] – ainda que, como Nietzsche afirmará em *Gaia Ciência*, enfatize-se, para a educação e para a incorporação de hábitos de utilidade social pelo indivíduo, uma série de vantajosos efeitos de virtudes como a diligência, por exemplo, pois a adoção dela, argumenta-se, produziria uma vantagem pessoal, uma vez que, de um lado, serve como meio para aquisição de riqueza e de honras, e, de outro, como a droga mais saudável para o tédio e as paixões. No entanto, nota o filósofo, silencia-se sobre os efeitos prejudiciais, pois a virtude da diligência, de um lado, priva os órgãos do mínimo requinte para fruir as riquezas e as honras adquiridas com tal virtude, e, de outro, embota os sentidos e torna o espírito, assim, refratário a novos estímulos.

> A educação procede quase sempre assim: ela procura encaminhar o indivíduo, por uma série de estímulos e vantagens, para uma maneira de pensar e agir que, quando se torna hábito, impulso e paixão, vigora nele e acima dele, *de encontro a sua derradeira vantagem,* mas "para o bem de todos"[397].

No lugar de aplicar toda a sua energia e razão na própria conservação, elevação, desenvolvimento, promoção, ampliação do poder, o indivíduo de tal modo educado, afirma Nietzsche, vive de forma irrefletida, sendo, no entanto, elogiado por seu desinteresse e abnegação – e elogiado *não* por desinteresse.

> Tendo êxito a educação, cada virtude do indivíduo torna-se uma utilidade pública e uma desvantagem particular, conforme o supremo objetivo particular – provavelmente algum estiolamento sensorial-espiritual, ou mesmo um declínio prematuro: considere-se, desse ponto de vista, uma após a outra, as virtudes da obediência, da castidade, da piedade, da justiça[398].

Nietzsche vê no louvor às ações impessoais e de utilidade geral "o temor ante o que seja individual"[399]. Esse temor é resquício de um temor

---

[395] *Id.*
[396] *Id.*
[397] GC, §21.
[398] *Id.*
[399] A, §173.

antigo, que remete aos tempos mais longos e mais remotos da humanidade, quando não havia mais nada de aterrador, conta o filósofo em *Gaia Ciência*, do que sentir-se particular, "ser indivíduo".

> A liberdade de pensamento era o mal-estar em si. Enquanto nós sentimos a lei e a integração como coerção e perda, sentia-se o egoísmo como algo doloroso, como verdadeira desgraça. Ser si próprio, estimar-se conforme uma medida e um peso próprios – era algo que ofendia o gosto. Um pendor para isso era tido por loucura; pois à solidão estavam associados toda miséria e todo medo[400].

O individual, portanto, durante muito, muitíssimo tempo, na pré-história da humanidade, foi, de acordo com o filósofo, associado com o infortúnio, com a desventura, com a penúria. É por temor ao individual, assim, que, segundo ele, o trabalho é glorificado, pois este, subtraindo a energia nervosa à reflexão, "detém as rédeas de cada um e sabe impedir o desenvolvimento da razão, dos anseios, do gosto pela independência"[401]. A tirania do impulso social da temerosidade, ao colocar a segurança como a coisa mais importante pela qual todos devem voltar a sua atenção, prescreve aos homens, como lei moral suprema, então, "não olhar para si, mas ter olhos de lince para toda miséria, todo sofrimento de outra parte"[402].

O temor ao indivíduo é, para o filósofo, a fundamental motivação para que aos jovens de maior caráter, talento e inteligência não seja deixado "tempo para dar a si mesmos uma direção"[403] – não lhe dão tempo nem o trabalho e nem a moral, particularmente a moral da "simpatia pelos outros", que considera boas as ações visando à segurança comum e ao sentimento de segurança da comunidade (derivação moderna da moral da renúncia de si). Sem tempo para si mesmos, para trilhar caminhos próprios, habituados a receber uma direção desde a infância, os jovens mais promissores, quando finalmente tornam-se maduros o bastante para irem em busca dos *seus* caminhos, e, portanto, *sozinhos* – pois "quem perfaz esses caminhos próprios não encontra ninguém"[404] –, são "utilizados, afastados de si mesmos, instruídos para serem *usados cotidianamente*"[405]. Daí, possivelmente, o filósofo

---

[400] GC, §117.
[401] A, §173.
[402] *Id.*, §174.
[403] *Id.*, §178.
[404] *Id.*, Prólogo, §2.
[405] *Id.*

afirmar, sobre a educação, que a mais comum deficiência do nosso tipo de formação e educação é o fato de que "ninguém aprende, ninguém aspira, ninguém ensina – *a suportar a solidão*"[406] – pois ensinar e aprender a suportar a solidão pressupõe que a educação tenha como finalidade justamente aquilo que mais se teme: o indivíduo.

Nietzsche contará mais à frente, em *Gaia Ciência*, que a primeira vez em que se admitiu o luxo de haver indivíduos, em que se honrou pela primeira vez o direito dos indivíduos, foi quando houve arte e energia de criar deuses, o politeísmo. Até então, com o monoteísmo – corolário da doutrina de um só homem normal – acreditava-se num só deus normal, para além do qual só haveria falsos deuses enganadores. Cada moralidade estabelecia, cada uma, uma única e derradeira norma de homem. Quando alguns homens passaram, por força daquela arte, a atribuir a um deus os atos não conformes ao costume – deus esse que deixou de ser negação e blasfêmia contra outro deus –, a liberdade aos deuses foi sendo concedida, e, com ela, a liberdade aos indivíduos em relação às leis, costumes e vizinhos, permitindo-se enxergar, assim, uma pluralidade de normas. Estabelecendo seu próprio ideal e derivando dela a sua lei, o indivíduo encontrou no politeísmo o meio para descarregar o impulso para um ideal próprio. "No politeísmo estava prefigurada a humana liberdade e variedade de pensamento: a força de criar para si olhos novos e seus, sempre novos e cada vez mais seus"[407].

A crítica de Nietzsche à moral, e, particularmente, à moral da renúncia de si, é a crítica à pretensão de toda moral em querer ser a única – isso porque, escreve o filósofo, "toda moralidade que afirma exclusivamente a si própria mata muitas forças boas e vem a sair muito cara para a humanidade"[408]. Tal reconhecimento abre caminho para "inúmeras tentativas novas de existência e de comunidade"[409] e permite, assim, o surgimento de um novo tempo, de uma nova manhã, de um novo dia, "ah, toda uma sucessão, todo um mundo de novos dias"[410]. Daí o título do livro: início e anúncio de um movimento histórico e de ideias que se desenvolverão no dia pleno de uma nova época, na qual o homem estará maduro para novas experiências existenciais e comunitárias[411].

---

[406] *Id.*, §443.
[407] GC, §143.
[408] A, §164.
[409] *Id.*
[410] EH, Aurora, §1.
[411] *Cf.* VATTIMO, 2010, p. 296.

> Quem já estaria agora em condições de descrever o que *substituirá*, um dia, os sentimentos e juízos morais? – ainda que possamos ver claramente que todos os seus fundamentos se acham defeituosos e que seu edifício não permite reparação: seu caráter obrigatório diminuirá dia após dia, enquanto não diminuir o caráter obrigatório da razão! Construir novamente as leis da vida e do agir – para essa tarefa nossas ciências da fisiologia, da medicina, da sociedade e da solidão não se acham ainda suficientemente seguras de si: e somente delas podemos extrair as pedras fundamentais para novos ideais (se não os próprios ideais mesmos). De modo que levamos uma existência provisória ou uma existência póstuma, conforme o gosto e o talento, e o melhor que fazemos nesse interregno, é ser o máximo possível nossos próprios *reges* [reis] e fundar pequenos *Estados experimentais*. Nós somos experimentos: sejamo-lo de bom grado![412]

4.3 Gaia Ciência

Se *Aurora* diz Sim a tudo o que até então tinha sido desprezado, maldito e proibido pela moral, *Gaia Ciência*[413] (1882) faz o mesmo, escreve o filósofo, "e no maior grau"[414]. Já no primeiro aforismo, por exemplo, Nietzsche devolve a boa consciência e o direito à existência àqueles avaliados pela moral dominante como maus. Após considerar que o instinto de conservação da espécie, que ordena *todas* as ocupações humanas – inclusive as consideradas, de perto, nocivas –, é "*a essência* da linhagem e rebanho que somos"[415], ele afirma:

> Até a pessoa mais nociva pode ser a mais útil, no que toca à conservação da espécie; pois mantém em si ou, por sua influência, em outras, impulsos sem os quais a humanidade teria há muito se estiolado ou corrompido. O ódio, a alegria com o mal alheio, a ânsia de rapina e domínio e tudo o mais que se chama de mau: tudo é parte da assombrosa economia da conservação da espécie, certamente uma economia pródiga, dispendiosa e, no conjunto, extremamente insensata: – mas que, *de modo comprovado*, até o momento conservou nossa estirpe[416].

---

[412] A, §453.
[413] Originalmente uma noção do provençalismo medieval, como o filósofo escreve, a *gaya scienza*, o "alegre saber", é a unidade de trovador, cavaleiro e espírito livre. *Cf.* EH, Gaia Ciência.
[414] *Id.*
[415] GC, §1.
[416] *Id.*

Escrito durante a convalescença do filósofo, o livro exprime, segundo ele, a alegria do espírito que, depois de muito tempo resistindo, sem sujeitar-se – e desesperançosamente – à pressão da doença, é acometido pela esperança de saúde. De acordo com Nietzsche – que não distingue corpo e alma, e menos ainda alma de espírito –, a doença pressiona o espírito, o pensamento, pois o *corpo* doente, com sua necessidade, "inconscientemente, empurra, impele, atrai o espírito – para sol, sossego, brandura, paciência, remédio, bálsamo em todo e qualquer sentido"[417]. É nesse sentido que ele afirma que toda filosofia pode ser vista "como remédio e socorro, a serviço da vida que cresce e que luta: elas pressupõem sempre sofrimento e sofredores"[418]. Contudo, para o filósofo, existem dois tipos de sofredores – e, para cada um deles, dois tipos de filosofia: para os que sofrem de *abundância de vida* – ou seja, de um excedente de forças pelo qual podem se permitir a visão do terrível e discutível (bem como a ação terrível e discutível); de um sobejo de forças geradoras, fertilizadoras, "capaz de transformar todo deserto em exuberante pomar"[419] –, uma filosofia *trágica*; para os que sofrem de *empobrecimento de vida* – ou seja, de uma deficiência de forças devido à qual necessitam de paz, brandura e bondade tanto no pensar quanto no agir, bem como de um deus para doentes e também da lógica, que tranquiliza e dá confiança, otimismo –, uma filosofia *romântica*. No primeiro tipo de sofredor, o desejo de *destruição*, de mudança, do novo, de futuro, de *vir a ser* é expressão da energia abundante, prenhe de futuro – e não, como sucede no pessimismo romântico, do ódio, pelo malogrado, mal favorecido, desprovido, ao existente, ao *ser*. No segundo tipo, o desejo de fixar, de eternizar, de *ser* é a expressão da energia minguante, vazia de esperança, bem como de forças declinantes, envenenadoras, capazes de transformar toda horta numa terra morta – e não, como sucede no pessimismo dionisíaco, da gratidão e do amor. Seja qual for o caso, o grande sofrimento ocasionado pela doença, de acordo com Nietzsche, libera o espírito de toda confiança na vida e aprofunda o pensador, uma vez que, ao forçar o espírito seja a opor, contra a dor, seu orgulho, seu escárnio, sua força de vontade (pessimismo dionisíaco), seja a, vencido pela dor, entregar-se, esquecer-se, apagar-se (pessimismo romântico), possibilita questionamentos cada vez mais profundos e austeros, que põem questões das mais recônditas e sérias sobre a existência.

---

[417] GC, Prólogo, §2.
[418] GC, §370.
[419] *Id.*

> A confiança na vida se foi; a vida mesma tornou-se um *problema*. – Mas não se creia que isso torne alguém necessariamente sombrio. Mesmo o amor à vida é ainda possível – apenas se ama diferente. É o amor a uma mulher da qual se duvida...[420]

Apesar da pressão da doença, Nietzsche conta – e toda a sua obra até então seria testemunha disso –, seu espírito não cedeu, o orgulho do seu espírito não aceitou as consequências do sofrimento, os consolos sussurrados pelo sofrimento, mantendo-se frio e severo – mas, cessada inesperadamente a coação da moléstia, a frieza invernal e a severidade de seu espírito deram lugar, então, a um calor primaveril e à brincadeira.

> Todo este livro não é senão divertimento após demorada privação e impotência, o júbilo da força que retorna, da renascida fé num amanhã e no depois de amanhã, do repentino sentimento e pressentimento de um futuro, de aventuras próximas, de mares novamente abertos, de metas novamente admitidas, novamente acreditadas[421].

É nesse sentido que o filósofo afirma que a obra une, assim, a séria profundidade propiciada pela dor e a alegre esperança promovida pela convalescença: nela, "profundidade e travessura dão-se ternamente as mãos"[422]. E nela, também, o apelo para tornar-se si mesmo dá as mãos a um anúncio: o anúncio da morte de Deus, do "fato de que 'Deus está morto', de que a crença no Deus cristão perdeu o crédito"[423] – e perdeu o crédito justamente porque, em obediência à crença cristã, "que era também de Platão, de que Deus é a verdade, de que a verdade é divina"[424], seus fiéis chegaram à revelação de que o próprio Deus é a nossa mais longa mentira[425]. Para filósofos e espíritos livres, afirma Nietzsche, tal notícia não é sentida como triste e

---

[420] GC, Prólogo, §3.
[421] *Id.*, §1
[422] EH, Gaia Ciência.
[423] GC, §343. Com esse anúncio, Nietzsche completa um movimento que se inicia no século XVII, com os filósofos franceses. Karl Löwit considera, no entanto, que esse movimento não começa com os pensadores franceses das Luzes, com o combate que empreendiam contra as instituições e os dogmas da Igreja, mas pela guerra civil inglesa de 1642 e pela crítica deísta do cristianismo. *Cf.* LÖWITH, 1985, p. 143.
[424] GC, §344.
[425] O que fez a crença no Deus cristão cair em descrédito foi, justamente, afirma Nietzsche, a moral cristã, o conceito de veracidade "entendido de modo sempre mais rigoroso, a sutileza confessional da consciência cristã, traduzida e sublimada em consciência científica, em asseio intelectual a qualquer preço" (*Id.*, §357). A moral cristã triunfa sobre o Deus cristão ao chegar, movida pela exigência de verdade e probidade ao conhecimento de que o homem não tem o menor direito de introduzir um além ou um em si "divino" ou moral das coisas, aniquilando a si mesma. *Cf.* MÜLLER-LAUTER, 2009, p. 164-6.

sombria, mas como uma luz de uma nova aurora, luz essa que enche seus corações de expectativa e pressentimento, pois a partir de então passam a ser permitidos novos modos de viver e pensar para além do mundo moral, no qual os juízos são sentidos como leis universais e vedam, em cada um, a descoberta de si, a criação de "um ideal próprio, bastante próprio. Nós, porém, *queremos nos tornar aqueles que somos* – os novos, únicos, incomparáveis, que dão leis a si mesmos, que criam a si mesmos"[426].

A exortação para que cada um se torne o que é, em relação com o anúncio da morte de Deus, é, assim, um desafio para que cada um, particularmente filósofos e espíritos livres, uma vez desabados os ideais sustentados pela crença no Deus cristão, estabeleça um ideal próprio e siga seu próprio caminho, sem se importar com as virtudes cristãs, tornando-se, assim, com a filosofia de *seu* modo de viver e pensar, "independente de censura e elogio, autossuficiente, rico, pródigo em felicidade e benevolência"[427]. Se o filósofo e o espírito livre alienaram-se de si próprios ao viverem sob a dependência dos ideais e dos preceitos da moral – e, particularmente, da moral cristã – submetendo suas existências a cargas enormes que os pressionaram e os oprimiram, agora, com o anúncio da morte de Deus, podem, finalmente, buscar os fins de sua mais alta esperança não no exterior, num ideal transcendente, universal, mas em si mesmos[428], a partir de suas mais autênticas tendências[429].

Dirigindo-se aos filósofos como a homens de consciência intelectual, que abandonaram a *firmeza* dos juízos morais – a consideração irrefletida de que tais juízos são verdadeiros e infalíveis – e puseram-se a meditar sobre a origem deles, Nietzsche os convida, valendo-se de uma imagem marítima para se referir à busca de novos ideais para além dos juízos morais, a *zarpar* e cortar todo laço com a *terra firme* que ficou para trás. "Há um outro mundo a descobrir – mais do que um! Embarquem, filósofos"[430]. É o mesmo convite, feito em *Aurora*, para a pluralidade, para a aventura da experimentação de novas possibilidades de pensar e viver.

Após o descrédito na crença no Deus cristão não é possível mais sustentar os valores que até então estavam nela apoiados. Daí a afirmação do filósofo: "os pesos de todas as coisas precisam ser de novo determi-

---

[426] GC, §335.
[427] *Id.*, §289.
[428] *Cf.* FINK, 1985, p. 174.
[429] *Cf.* SALAQUARDA, 1999, p. 86-87.
[430] GC, §289.

nados"⁴³¹. Para determinar novamente o peso das coisas é necessário um novo fundamento com o qual seja possível transvalorar todos os valores existentes. Nietzsche descobre a base para a transvaloração de todos os valores em um pensamento.

> E se um dia, ou uma noite, um demônio lhe aparecesse furtivamente em sua mais desolada solidão e dissesse: "Esta vida, como você a está vivendo e já viveu, você terá de viver mais uma vez e por incontáveis vezes; e nada haverá de novo nela, mas cada dor e cada prazer e cada suspiro e pensamento, e tudo o que é inefavelmente grande e pequeno em sua vida, terão de lhe suceder novamente, tudo na mesma seqüência e ordem – e assim também essa aranha e esse luar entre as árvores, e também esse instante e eu mesmo. A perene ampulheta do existir será sempre virada novamente – e você com ela, partícula de poeira!". – Você não se prostraria e rangeria os dentes e amaldiçoaria o demônio que assim falou? Ou você já experimentou um instante imenso, no qual lhe responderia: "Você é um deus e jamais ouvi coisa tão divina!". Se esse pensamento tomasse conta de você, tal como você é, ele o transformaria e o esmagaria talvez; a questão em tudo e em cada coisa, "Você quer isso mais uma vez e por incontáveis vezes?", pesaria sobre os seus atos como o maior dos pesos! Ou o quanto você teria de estar bem consigo mesmo e com a vida, para não *desejar nada* além dessa última, eterna confirmação e chancela?⁴³²

O apelo para tornar-se si mesmo, em relação com o anúncio da morte de Deus, encontra no pensamento do eterno retorno⁴³³, desse modo, a

---

⁴³¹ GC, §269. Essa declaração não existia na versão original da parte final do terceiro livro de *A Gaia Ciência*. Ele a acrescentou, juntamente a outras declarações finais, intensificando o apelo para tornar-se-si-mesmo, tal como feito, ao escrever que com uma grande meta nos sobreporíamos "à própria justiça, não apenas a seus próprios feitos e juízes" (*Id.*, §267), no desafio para seguir o próprio caminho sem se importar com as "virtudes de rebanho". O filósofo planejou, então, que *A Gaia Ciência* seria um prosseguimento e encerramento da problemática da moral, por ele empreendida em *Aurora*, cabendo aos livros 1-3 daquela obra o encerramento de sua "filosofia dos espíritos livres". Nietzsche via proferida, na modificação da parte final do terceiro livro, a inversão da análise crítica em apresentação positiva de sua "doutrina". *Cf.* SALAQUARDA, 1999, p. 86.

⁴³² GC, §34. Apesar de ter planejado desenvolver o pensamento do eterno retorno nos livros 4-5 e explicitar sua significação e função para um pensar futuro, Nietzsche efetivou apenas o livro IV eliminando das anotações quase todas as alusões ao *eterno retorno* por não se julgar capaz de apresentá-lo. *Cf.* SALAQUARDA, 1999, p. 86.

⁴³³ Em um escrito póstumo, Nietzsche afirma que a teoria filosófica do eterno retorno é uma exigência da teoria da termodinâmica, particularmente da primeira tese da termodinâmica, a da conservação de energia. Foi *A antiga e nova fé*, de Strauss, que lhe forneceu, em 1872, o exemplo de uma cosmologia materialista fundada sobre o primeiro princípio da termodinâmica. *Cf.* D'IORIO, 2006, p. 105. O interesse de Nietzsche na teoria da conservação de energia foi precedido de alguns estudos feitos no período de residência em Basiléia, como na *Segunda Consideração Extemporânea,* na qual a breve referência à teoria grega do eterno retorno associa-se à pseudociência astronômica

base para a sua realização. O pensamento do eterno retorno constitui, no contexto da descrença em relação ao Deus cristão, a condição de efetivação da exortação para que filósofos e espíritos livres tornem-se o que são, uma vez que, servindo de base para a transvaloração de todos os valores, possibilita novas determinações do peso de todas as coisas e, com elas, novas experimentações de outros modos de pensar e viver para além dos juízos morais. Submetendo todas as ações a esse pensamento como a um critério de valor, cada um determina novamente o peso de todas as coisas e, com base nessa singular determinação, passa a adotar um modo próprio de valorar, tornando-se o que é[434].

---

de Pitágoras. *Cf.* Co. Ext. II, §2; bem como em *Schopenhauer Educador*, na referência a Empédocles. *Cf.* Co. Ext. III, §3; e também no escrito inacabado *A Filosofia na Época Trágica dos Gregos*, ao mencionar "a grande convicção (de Empédocles) acerca da metempsicose". *Cf.* FT, §8 – isso sem contar que no verão de 1875, o filósofo chegou a ler um livro Balfour Stewart (1875) integralmente consagrado à conservação da energia. O filósofo oferece uma variação sobre um tema perene de especulação desde a Grécia antiga, e, diga-se de passagem, uma *notável* variação, uma vez que sua ideia do eterno retorno subsiste como uma das mais assustadoramente deterministas de todas as teorias da história. E foi no verão de 1881, no momento em que surge a ideia do eterno retorno, que Nietzsche se entregou à leitura sobre fenômenos cosmológicos descritos pelos seus contemporâneos, como Caspari. *Cf.* D'IORIO, 2006, p. 89. Produto de uma rígida concepção determinista e imanentista de mundo depois da morte de Deus, a teoria do eterno retorno tem sua importância e originalidade mais nas consequências que advêm de sua aceitação do que em sua demonstrabilidade científica. *Cf.* MONTINARI, 2002, p. 40; HOLLINRAKE, 1986, p. 23. O filósofo conhecia, por meio da leitura da *História do Materialismo* de Lange, os rudimentos do conceito de entropia de Clausius, que, em 1865, afirmou que a totalidade de energia está continuamente perdendo-se em calor, de sorte que o universo tende para um estado de equilíbrio termodinâmico, ideia que, por sua vez, é tributária da afirmação de Thomson (1824-1907) de que o Universo tende, numa sequência de estados de equilíbrio ao longo de um processo termodinâmico, para um estado final de equilíbrio térmico em que as trocas energéticas cessarão, provocando sua morte térmica. *Cf.* STACK, 1983, p. 43, nota 37. Tanto para Thomson quanto para Clausius, enquanto os processos mecânicos são reversíveis, os processos termodinâmicos são irreversíveis no tempo. Essas teorias científicas situam-se no contexto do desenvolvimento histórico da discussão sobre o problema, colocado por Descartes, da conservação do movimento. Leibniz, ao contrário de Descartes – e também de Newton, para o qual a máquina do mundo sofria um constante desgaste e que, por isso, precisava sempre ser impulsionada por Deus – afirmava que algo no movimento se conservava. Para Leibniz, Deus, ao acionar a máquina do mundo, não interferia no funcionamento, pois criara o melhor dos mundos possíveis. Se o universo tendesse à imobilidade seria a demonstração da falibilidade da onipotência divina. Desse modo, se Deus era onipotente, o Universo não poderia tender ao repouso. Para Leibniz, a máquina do mundo sofre um constante desgaste do Universo, certamente, mas conserva, no entanto, a *vis viva* – o que William Rankine (1820-72) chamou de "energia", criando um dos conceitos centrais da termodinâmica, campo da interligação do calor (considerado enquanto forma de energia) com o trabalho mecânico. *Cf.* BRAGA, 2008, p. 63-78. A descoberta dos dois princípios da termodinâmica abre um debate que renova o conflito entre a concepção linear e a concepção circular do tempo tanto entre homens de ciência – como, além dos citados, Helmholtz e Boltzmann – quanto entre filósofos – como, por meio de Kant, Hegel e Schopenhauer, Dühring, Hartmann, Engels, Wundt e, evidentemente, Nietzsche. *Cf.* D'IORIO, 2006, p. 77-78.

[434] Para Schacht, a noção do Eterno Retorno é uma ideia que Nietzsche apropria e emprega em conexão com uma maior e mais fundamental (re)educação da nossa sensibilidade, como a pedra de toque da transformação de nossa disposição de base para nós mesmos e nossas vidas e o mundo. *Cf.* SCHACHT, 1998, p. 327.

4.4 Assim Falou Zaratustra

O pensamento do eterno retorno é a concepção fundamental, básica da obra seguinte, *Assim Falou Zaratustra* (1883-85). E a divisa de Nietzsche também em relação a *Zaratustra* continua a ser "Torna-te quem és"[435]. Já no prólogo, o protagonista afirma querer companheiros "que me sigam porque querem seguir-se a si mesmos"[436]. E no final da primeira parte, ele exorta seus discípulos para que o reneguem e procurem a *si mesmos*.

> Dizeis que acreditais em Zaratustra? Mas que importa Zaratustra! Sois os meus crentes; mas que importam todos os crentes!
>
> Ainda não vos havíeis procurado a vós mesmos: então, me achastes. Assim fazem todos os crentes; por isso, valem tão pouco todas as crenças.
>
> Agora, eu vos mando perder-vos e achar-vos a vós mesmos; e somente depois que todos me tiverdes renegado, eu voltarei a vós[437].

O pensamento do eterno retorno e o imperativo para que cada um se torne o que é estão intimamente relacionados em *Assim Falou Zaratustra*. Toda a trajetória do personagem ao longo da obra é a trajetória de alguém que trilha seu próprio caminho, buscando a si mesmo, e desemboca na conquista, pelo profeta, do pensamento do eterno retorno, da ideia da recorrência eterna. A descoberta e a conquista da ideia do eterno retorno constituem o ponto focal de uma longa e intricada narrativa, sendo sua formulação eventual uma das mais íntimas revelações de Nietzsche[438]. Tal conquista não é da ordem puramente cognitiva, mas fundamentalmente existencial[439], pois o Zaratustra de Nietzsche[440] assume a atitude do "amor fati", tal como o filósofo a tinha desejado no início da quarta parte de *Gaia Ciência*, em ocasião da entrada do ano de 1882:

> Quero cada vez mais aprender a ver como belo aquilo que é necessário nas coisas – assim me tornarei um daqueles que fazem belas as coisas. *Amor fati* [amor ao destino]: seja

---

[435] *Cf.* SALAQUARDA, 1997, p. 19.
[436] Z, Prólogo, §9.
[437] Z, I, Da virtude dadivosa, §3.
[438] *Cf.* HOLLINRAKE, 1986, p. 26.
[439] *Cf.* SALAQUARDA, 1997, p. 33.
[440] E o filósofo deixa bem claro que seu Zaratustra é o contrário do persa histórico, que "foi o primeiro a ver na luta entre o bem e o mal a verdadeira roda motriz na engrenagem das coisas. O criador do mais fatal dos erros (a ordenação moral do mundo) deve ser o primeiro a reconhecê-lo!" (EH, Por que sou um destino, §3).

> este o meu amor! Não quero fazer guerra ao que é feio. Não quero acusar, não quero nem mesmo acusar os acusadores. Que a minha única negação seja *desviar o olhar*! E, tudo somado e em suma: quero ser, algum dia, apenas alguém que diz Sim![441]

O pensamento do eterno retorno é uma conquista existencial que exige, assim, daquele que o efetiva, como condição para que seja realizado na existência, um estar bem consigo próprio e com a vida. Aquele que, ao contrário, está longe de estar bem consigo próprio e com a vida – e, por isso, espera por uma vida melhor em outro mundo ou mesmo privar-se da vida definitivamente em algum momento e de algum modo – não suporta o peso dessa ideia, uma vez que ela veda completamente qualquer possibilidade de uma outra vida ou de uma saída no nada[442].

Contudo, se o pensamento do eterno retorno é assustador para aquele que nega a si mesmo e a vida por fechar qualquer porta para uma outra vida ou para o nada, ele também tem algo de terrível para Zaratustra, mas por motivo distinto: por fazê-lo concluir que, então, "eternamente retorna o homem! Eternamente retorna o pequeno homem"[443]. Como assim?

Explicando a estranha visão de um pastor "que se contorcia, engasgando e convulsionando, o rosto transtornado, pois uma negra e pesada serpente pendia de sua boca"[444], ele afirma, como justificativa para sua demora em comunicar seu pensamento: "O grande nojo que sinto do homem – *isto* penetrara em minha garganta e me sufocava"[445]. A serpente representa, aqui,

---

[441] GC, §276.

[442] *Cf.* SALAQUARDA, p. 29 e 31. Ver também Z, III, Da visão e do enigma. *Assim Falou Zaratustra* não é apenas uma obra de literatura, erudição ou filosofia, mas, sim, um expediente educativo. Zaratustra, e *Zaratustra* (tanto a figura quanto a obra em si) executam o tipo de função "educadora" idêntica ao de Schopenhauer na *Terceira Consideração Extemporânea*. Segundo o comentador, Nietzsche, em Zaratustra, comprometeu-se a encarar de frente o desafio de Schopenhauer – não o "Schopenhauer" da *Terceira Consideração Extemporânea*, mas o pessimismo de Schopenhauer, que o levou a defender a negação da vida. Como se pode afirmar a vida, considerando as condições de existência neste mundo (e da ausência de qualquer outro, ou qualquer Deus redentor além dele), tal como expostas por Schopenhauer, sem sacrificar a honestidade e a veracidade? Zaratustra está convicto de que a desilusão radical, a intransigente veracidade e incondicional afirmação da vida são todas humanamente possíveis juntas, mesmo sob essas condições. Mas também procede do reconhecimento de que essa possibilidade humana não é facilmente realizada, e, na verdade, requer a aquisição de uma nova sensibilidade por meio de um desenvolvimento educacional que tenha como seu ponto de partida um esclarecimento do espírito livre. Para chegar a ser capaz de confrontar com alegria, ao invés de horror e desespero, o que Nietzsche em *Ecce Homo* se refere como a fundamental concepção desse trabalho, a ideia do eterno retorno, a maior fórmula da afirmação que é de todo atingível, mesmo o Zaratustra das primeiras partes do trabalho deve ser submetido a uma grande transformação. *Cf.* SCHACHT, 1998, p. 321-2.

[443] Z, III, O Convalescente, §2.

[444] *Id.*, III, Da visão e do enigma, §2.

[445] *Id.*, III, O Convalescente, §2.

uma forma do desespero face à realidade, uma forma que não se confunde com aquela que se desespera com o eterno retorno do sofrimento, pois sua aflição se refere ao retorno do homem, do homem pequeno[446].

> Ah, eternamente retorna o homem! Eternamente retorna o pequeno homem!
>
> Nus, um dia, eu vira ambos, o maior e o menor dos homens: demasiado semelhantes um ao outro – demasiado humano, ainda, também o maior!
>
> Demasiado pequeno, o maior! – era este o fastio que eu sentia do homem. E eterno retorno também do menor! – era este o fastio que eu sentia de toda a existência![447]

Tal asco diante da realidade, o asco do eterno retorno do homem, do pequeno homem, acabou sendo superado, ao longo da narrativa, quando Zaratustra, na cena de maior impacto da visão, cortou e cuspiu a cabeça da serpente. Com tal imagem, o filósofo ensina que para afirmar o eterno retorno é preciso rejeitar a forma de niilismo[448] que se desespera em relação ao retorno do homem. Ou seja, é preciso superar, principalmente, o nojo do homem, do homem *pequeno*, afirmar até mesmo a mais terrível realidade. A visão termina, então, com o pastor levantando-se num pulo. "Não mais pastor, não mais homem – um ser transformado, translumbrado, que *ria*! Nunca até aqui na terra riu alguém como *ele* ria!"[449]. A afirmação do eterno retorno, incluindo o retorno do homem, produziu, assim, uma transformação tal no pastor que ele deixou de ser pastor e de ser homem, pois passou a possuir, então, uma felicidade absolutamente nova, tal como seu riso passou a manifestar. Nietzsche aqui ensina que é preciso superar inclusive o nojo do homem pequeno não apenas para afirmar o eterno

---

[446] *Cf.* SALAQUARDA, 1997, p. 30. Em *Zaratustra*, Nietzsche reconhece que "ainda não vi nenhum grande homem. Para o que é grande, os olhos mais sutis são grosseiros, hoje em dia. É o reinado da plebe" (ZA, IV, O Feiticeiro, 2). Em *Genealogia da Moral*, referindo-se ao apequenamento e ao nivelamento do homem europeu, Nietzsche afirmará: "A visão do homem agora cansa – o que é hoje o niilismo, se não *isto*?... Estamos *cansados* do homem..." (GM, I, §12).

[447] Z, III, O Convalescente, §2.

[448] O termo "niilismo" remonta à época da Revolução Francesa, quando se utilizou a palavra *nihiliste* para designar a atitude de indiferença religiosa ou política. Mas foi F. H. Jacobi que, em seus *Sendschreiben na Fichte* (1799), fez um emprego filosófico da palavra ao censurar o idealismo de Fichte por ser um niilismo. O conceito foi aplicado ao movimento socialista francês no século XIX, assim como aos hegelianos de esquerda, e usado no âmbito das lutas sociais e políticas na Rússia, bem como no campo linguístico da Europa central. O uso que Nietzsche faz da palavra niilismo é fruto de suas leituras da obra *Essais de Psychologie Contemporaine*, de Bourget, que aponta para a náusea em relação ao mundo, o espírito de negação da vida. *Cf.* MÜLLER-LAUTER, 2009, p. 121-2.

[449] Z, III, Da visão e do enigma, §2.

retorno, como também para, com ele, engendrar uma nova humanidade, a humanidade do *além-do-homem*[450].

A primeira coisa que fez Zaratustra, depois de descer da sua montanha e chegar na praça do mercado da cidade mais próxima foi ensinar, justamente, o *além-do-homem*, o ensinamento da superação do homem (pequeno).

> *Eu vos ensino o além-do-homem.* O homem é algo que deve ser superado. Que fizestes para superá-lo?
>
> Todos os seres, até agora, criaram algo acima de si mesmos; e vós quereis ser a baixa-mar dessa grande maré cheia e retrogradar ao animal, em vez de superar o homem?
>
> Que é o macaco para o homem? Um motivo de riso ou de dolorosa vergonha. E é justamente isso o que o homem deve ser para o além-do-homem: um motivo de riso ou de dolorosa vergonha.
>
> Percorrestes o caminho que vai do verme ao homem, e ainda em vós resta muito do verme. Noutro tempo fostes macaco, e também agora o homem é ainda mais macaco do que qualquer macaco[451].

O ensinamento de Zaratustra confunde-se, aqui, com uma exortação para a autossuperação do homem por meio da criação de um ideal, meta ou fito de ser. Logo depois, no decorrer do discurso, Zaratustra justifica o seu propósito afirmando que Deus morreu e, agora, maior valor deve ser atribuído à terra, ao sentido da terra, ao *além-do-homem*[452]. O ensino do *além-do-homem*, assim, está intimamente relacionado ao anúncio da morte de Deus[453]. A morte de Deus é, portanto, a condição de possibilidade do além-do-homem.

A morte de Deus inaugura, para Nietzsche, como vimos em *Gaia Ciência*, uma nova era, pois constitui um incentivo ao esforço criador e, por conseguinte, uma fonte potencial de uma grande esperança, a esperança de uma nova humanidade, de uma humanidade marcada, fundamental-

---

[450] *Cf. Ibidem*, p. 31. Em *Humano* e em *Aurora* a palavra foi usada no sentido de menoscabar o culto do gênio. *Cf.* HHI, §164; A, §548. Nessas obras, o termo possui, provavelmente, uma conotação antiwagneriana. *Cf.* HOLLINRAKE, 1986, p. 61.

[451] Z, Prólogo, §3. Ao caracterizar o *além-do-homem* que transcende o homem tal como o homem suplanta o símio, Nietzsche estava reagindo contra Darwin. Tal como a teoria do retorno, a ideia do além-do-homem está ligada a recentes desenvolvimentos na ciência do século XIX. *Cf.* HOLLINRAKE, 1986, p. 24.

[452] *Cf.* Z, Prólogo, §3.

[453] *Cf. Id.* Não foi à toa que Nietzsche fez seu Zaratustra anunciar a morte de Deus na praça do mercado, pois o mercado é o lugar onde foi gestada a filosofia ocidental e, com ela, seus produtos de maior força histórica, as ideias metafísicas – e a suma de toda metafísica: Deus. *Cf.* TÜRCKE, 1989, p. 20.

mente, por uma "felicidade que até agora o ser humano não conheceu – a felicidade de um deus pleno de poder e amor, cheio de lágrimas e risos"[454], ou seja, a felicidade do homem que, com o pensamento do eterno retorno, afirma todos os aspectos da existência, tanto aqueles felizes e agradáveis quanto os desagradáveis e cheios de infelicidade. Dessa maneira, o *além-do-homem* é uma esperança, um ideal, uma meta, um fito de um homem do futuro[455], que se define, essencialmente, por uma nova sensibilidade[456]: um sujeito diferente do homem, um tipo diferente do tipo cristão, daquele que é, fundamentalmente, um negador da vida[457]. Na medida em que essa nova sensibilidade é promovida pela possessão da ideia do eterno retorno naquele que, na sua mais difícil superação[458], afirma, inclusive, o eterno retorno do homem, o pensamento do retorno é, desse modo, a base para o surgimento dessa criatura nova que é o Übermensch, é a condição para o aparecimento do *além-do-homem*.

Se Zaratustra é *"o mestre do eterno retorno"*[459], ele não ensina – existencialmente – esse pensamento senão para educar aqueles capazes de fazer atingir aquela sensibilidade, e as formas associadas de aspiração e avaliação[460]. Nesse sentido, o ensino do eterno retorno é o ensino, para um determinado tipo seleto, de um meio para a realização do ideal do *além-do-homem*[461].

Uma vez que para querer e agir na suposição de que os feitos atuais serão repetidos, infinitamente repetidos[462] – determinando, assim, novos

---

[454] GC, §337.

[455] Nietzsche usa anteriormente a expressão "homem do futuro" em *Richard Wagner em Bayreuth*: "As ideias [de Wagner], como a de todo e qualquer bom e grande alemão, são *supra-alemãs*, e a linguagem de sua arte não fala a determinados povos, mas aos homens. Mas aos *homens do futuro*" (Co. Ext. IV, §10).

[456] *Cf.* DELEUZE, 1976, p. 137. Para uma interessante consideração da interpretação de Deleuze a respeito da filosofia de Nietzsche, e, particularmente, do pensamento do eterno retorno. *Cf.* D'IORIO, 2006.

[457] Em *Ecce Homo*, Nietzsche escreve que o tipo de homem do seu Zaratustra é um tipo sobre-humano "precisamente em relação aos *bons*" (EH, Por que sou um destino, §5), referindo-se, aqui, aos cristãos.

[458] *Cf.* SALAQUARDA, 1997, p. 33.

[459] Z, III, O convalescente, §2.

[460] *Cf.* SCHACHT, 1998, p. 325.

[461] Tal ideal o filósofo já tinha anunciado em *Gaia Ciência*: "um ideal prodigioso, tentador, pleno de perigos, ao qual ninguém gostaríamos de levar a crer, porque a ninguém reconhecemos tão facilmente *o direito a ele*: o ideal de um espírito que ingenuamente, ou seja, sem o ter querido, e por transbordante abundância e potência, brinca com tudo o que até aqui se chamou santo, bom, intocável, divino: para o qual o mais elevado, aquilo em que o povo encontra naturalmente sua medida de valor, já não significaria senão perigo, declínio, rebaixamento ou, no mínimo, distração, cegueira, momentâneo esquecer de si; o ideal de bem-estar e bem-querer humano-sobre-humano, que com frequência parecerá inumano, por exemplo, ao colocar-se ao lado de toda seriedade terrena até então, ao lado de toda a anterior solenidade em gesto, palavra, tom, olhar, moral e dever, como sua mais viva paródia involuntária" (GC, §382).

[462] *Cf.* HOLLINRAKE, 1986, p. 23.

valores –, é necessário um esforço de autossuperação, e considerando que Zaratustra define o impulso de superação que está presente em toda avaliação, em toda determinação dos valores, como *vontade de poder*[463] [*Wille zur Macht*], o pensamento do eterno retorno pressupõe, como condição de possibilidade, vontade de poder. São os homens que criam os valores, diz Zaratustra, mas é a vontade de poder que, por meio dos homens, avalia; é a vontade de poder que se expressa na tábua de valores de cada povo em seu processo de autossuperação. "Uma tábua de tudo o que é bom está suspensa por cima de cada povo. Vede, é a tábua do que ele superou, é a voz de sua vontade de poder"[464].

O pensamento do eterno retorno está na base do surgimento do *além-do-homem*. Na base do eterno retorno, por sua vez, está a *vontade de poder* – e uma suprema vontade de poder, uma vez que querer o eterno retorno[465] implica o que Zaratustra considera como sendo a mais difícil superação: a superação do nojo pelo homem. O engendramento do além-do-homem depende, em última instância, desse modo, de uma grande vontade de poder. Essa grande vontade de poder, contudo, não pode ser conquistada senão por aquele que possui uma *grande saúde*, tal como Nietzsche afirma a respeito do pressuposto do tipo Zaratustra[466], um tipo afirmativo, que diz Sim ao eterno retorno: "uma [saúde] tal que não apenas se tem, mas constantemente se adquire e é preciso adquirir, pois sempre de novo se abandona e é preciso abandonar"[467].

A "grande saúde" não consiste na ausência de doença, mas na força de superá-la, ou melhor, de superar os pensamentos e sentimentos sobre o mundo que advêm no estado de doença[468] – e, no caso de Zaratustra, do sentimento de nojo pelo homem. Dessa maneira, ela implica a doença e a possibilidade renovada de ultrapassá-la, garantindo que a doença desempenhe apenas o papel de um poderoso estimulante para um aumento de vida[469], de vontade de poder. Assim, se o pressuposto fisiológico do tipo

---

[463] *Cf. Ibidem*, p. 46. Referências explícitas ao conceito são poucas nos escritos publicados, e ele recebe escassa atenção em *Ecce Homo*. Entretanto, a importância do aforismo 36 de *Para Além do Bem e do Mal* e a ênfase atribuída à expressão nos escritos inéditos – uma ênfase explorada pela irmã do filósofo, Elisabeth Förster-Nietzsche e sua equipe de assessores – são amplamente reconhecidas. Para uma discussão aprofundada sobre a doutrina da vontade de poder a partir dos escritos inéditos do filósofo, *cf.* MÜLLER-LAUTER, 1997.

[464] Z, I, Dos mil e um fitos.

[465] *Cf.* HOLLINRAKE, 1986, p. 23.

[466] *Cf.* EH, Assim Falou Zaratustra, §2.

[467] GC, §382.

[468] *Cf.* SANTANA, 2001, p. 136.

[469] *Cf.* KOFMAN, 1993, p. 257.

afirmativo é a grande saúde é porque, sem ela, não é possível ultrapassar a doença, as consequências da doença, de modo que esta acaba desempenhando um papel de diminuidora da vida, da vontade de poder, do impulso de superação, tornando impossível, desse modo, a conquista do pensamento do eterno retorno – e, assim, tornando impossível, também, o advento do *além-do-homem*, daquele que cria novos valores e se torna o que é.

De uma maneira modelar, exemplar, Zaratustra representa o tornar-se si-mesmo pela descrição de *como*, mediante erros, tentações, experiências, ele se tornou e se torna cada vez mais ele mesmo[470]. Ao ensinar, por meio de seu exemplo, como afirmar o pensamento do eterno retorno, ele possibilita novas determinações dos valores e, com elas, o engendramento de novos homens, homens para além do *homem*, ou seja, do tipo fraco, negador da vida. Dessa forma, Nietzsche mostra sua educação ao tipo forte, de grande saúde, de maneira a ajudá-lo a efetuar também a sua na mesma direção e para o mesmo efeito final[471], possibilitando que aprenda a, tal como ele, determinar valores *próprios* e se tornar, então, o que é.

4.5 Além de Bem e Mal

Além de bem e mal (1886) carrega também uma função pedagógica, pois, como afirma o próprio filósofo, esse livro "é uma escola do *gentilhomme*, entendido o conceito de maneira mais espiritual e *radical* do que nunca"[472]. E quem é o *gentilhomme*? Considerando que Nietzsche afirma que essa obra ensina o *gentilhomme* no sentido de que faz "indicações para um tipo antitético que é o menos moderno possível, um tipo nobre, que diz Sim"[473], a compreensão do que seja o *gentilhomme* depende, nesse escrito, tanto da compreensão, por oposição, do que Nietzsche chama de *tipo moderno*, quanto da compreensão, por identificação, do que ele chama de *tipo nobre*.

Para compreender o conceito de *tipo moderno* em *Além de Bem e Mal* é necessário compreender aquilo que o filósofo afirma que é parte do essencial dessa sua obra: "*uma crítica da modernidade*"[474]. Para compreender, por sua vez, a crítica da modernidade é preciso visualizar, primeiro, o modo como

---

[470] *Cf.* SALAQUARDA, 1997, p. 20.
[471] *Cf.* SCHACHT, 1998, 322.
[472] EH, Além de bem e mal, §2. Nietzsche deve provavelmente a G. Brandés a expressão "aristocratismo radical". *Cf.* KOFMAN, 1993, p. 293.
[473] EH, Além de bem e mal, §2.
[474] *Id.*

ele percebe a dita modernidade pelas observações que faz não só a respeito das crenças ou representações sobre a moral, como também sobre o modo de sentir dos europeus.

Em suas observações sobre a moral de seu tempo, o filósofo nota que todos os países da Europa, bem como aqueles da sua influência, puseram-se de tal modo em acordo no tocante aos principais juízos morais, que chegaram a, defendendo-se contra a possibilidade de muitas outras morais, considerar a espécie de moral humana que adotaram, a moral que ele chama de animal de rebanho, não como sendo *uma* moral entre outras, mas como *a* moral. Se "sabe" na Europa, escreve Nietzsche, "o que Sócrates acreditava não saber, o que a velha e famosa serpente prometeu ensinar: hoje se 'sabe' o que é bem e mal"[475]. Ou seja, todos os países estão convictos de que a moral de animal de rebanho é *a* moral, isto é, de que não existe nenhuma outra moral além de "bem e mal" tal como estabelece a moral do homem de rebanho. Daí porque o homem de rebanho se apresenta, na sua época, segundo o filósofo,

> [...] como a única espécie de homem permitida, e glorifica seus atributos, que o tornaram manso, tratável e útil ao rebanho, como sendo as virtudes propriamente humanas, a saber: espírito comunitário, benevolência, diligência, moderação, modéstia, indulgência, compaixão[476].

Já em suas observações sobre o modo de sentir europeu, Nietzsche notou a presença, em quase toda a Europa, de "uma doentia sensibilidade e suscetibilidade para a dor, assim como um irritante destempero no lamento, um embrandecimento que se adorna de religião e trastes filosóficos para parecer coisa elevada"[477]. Tais observações coincidem perfeitamente com aquilo que, segundo suas pesquisas em história da sociedade, ele chama de "um ponto de amolecimento e enlanguescimento doentio"[478].

Uma sociedade se torna cada vez mais mole e lânguida, segundo o filósofo, quando alcança condições muito pacíficas, nas quais "há cada vez menos ocasião e necessidade de educar o sentimento para o rigor e a dureza"[479]. Rompido o laço e a coação da antiga disciplina criada em condições até então desfavoráveis, os indivíduos cujas forças tinham sido acumuladas ao longo de gerações pela velha moral atrevem-se a serem indivíduos, ou seja,

---
[475] BM, §202.
[476] Id., §199.
[477] Id., §293.
[478] Id., §201.
[479] Id.

sentem-se mais à vontade para afirmar, no lugar dos antigos valores com os quais regulavam a sua vida, valores próprios, isto é, para se obrigarem "a uma legislação própria, a artes e astúcias próprias de autopreservação, auto-elevação, auto-redenção"[480]. Mas esses indivíduos tanto crescem quanto decaem rapidamente na mútua oposição e disputa que ocorre entre eles, restando apenas a espécie de homens medíocres, e sua moral da mediocridade a falar em "medida, dignidade, dever e amor ao próximo"[481]. Na época das condições desfavoráveis, os "impulsos fortes e perigosos, como o espírito empreendedor, a temeridade, a sede de vingança, a astúcia, a rapacidade, a ânsia de domínio"[482] eram, em meio aos perigos do todo, contra os inimigos deste, não só respeitados como socialmente úteis, como também cultivados e acentuados – o que tornou a sociedade sentimentalmente mais dura e severa. No entanto, com o fim do perigo, e da enorme tensão dele advinda, tais impulsos fortes e perigosos passaram a ser estigmatizados de imorais, abandonados à calúnia. Com o amolecimento e enlanguescimento geral, são apelidados de *maus* todos os impulsos que o filósofo qualifica como mais elevados e mais fortes – como "a espiritualidade superior e independente, a vontade de estar só e mesmo a grande razão"[483] –, e com os quais o indivíduo é erguido acima da comunidade, cujo amor-próprio é abalado e o temor ao próximo infundido. Já "a mentalidade modesta, equânime, submissa, igualitária, a *mediocridade* dos desejos obtêm fama e honra morais"[484]. Com o fim do perigo acaba também a necessidade de rigor e dureza sentimental, o que faz com que qualquer forma de severidade e rigorismo passe a perturbar a consciência de rebanho do europeu. Até mesmo o rigor da justiça em aplicar uma pena a quem prejudica a sociedade perturba, pois a ideia de "castigar" e de "dever castigar", devido ao amolecimento e ao enlanguescimento da sociedade, amedronta, faz doer – e castigar –, é sentido como injusto, ao ponto de a sociedade tomar, de modo inclusive sério e honesto, "partido de quem a prejudica, de seu *infrator*"[485].

Desse modo, a doentia suscetibilidade e sensibilidade à dor, o lamento destemperado e o amolecimento são sintomas, para Nietzsche, de uma sociedade que vive em condições excessivamente pacíficas[486]. Nessas con-

---

[480] *Id.*, §262.
[481] *Id.*
[482] *Id.*, §201.
[483] *Id.*, §201.
[484] *Id.*
[485] *Id.*
[486] Em *Genealogia da Moral*, Nietzsche afirmará que é em virtude da moralização e do amolecimento doentios que "o bicho 'homem' aprende afinal a se envergonhar de seus instintos" (GM, II, §7).

dições, predomina e prevalece no homem, sobre os demais instintos, o "instinto do animal de rebanho homem"[487], cuja moral, "moral de animal de rebanho"[488], com a ajuda de uma religião que satisfaz e adula seus desejos, consegue expressar-se até mesmo nas instituições políticas e sociais[489], a exemplo do movimento democrático moderno: um conjunto que inclui os anarquistas, os democratas e os socialistas, todos divergentes entre si, mas, na verdade, ele escreve,

> [...] unânimes todos na radical e instintiva inimizade a toda outra forma de sociedade que não a do rebanho *autônomo* (chegando à própria rejeição do conceito de "senhor" e "servo" – *ni dieu uni maître* [nem deus nem senhor], reza uma fórmula socialista –); unânimes na tenaz resistência a toda pretensão especial, a todo particular direito e privilégio (o que significa a *todo* direito, em última instância: pois quando todos são iguais, ninguém precisa mais de "direitos" –); unânimes na desconfiança frente à justiça que pune (como se ela fosse uma violência contra o mais fraco, uma injustiça para com a *necessária* consequência de toda sociedade anterior –); mais igualmente unânimes na religião da compaixão, na simpatia com tudo quanto vive, sente, sofre (descendo até ao animal, subindo até "Deus": – a aberração de uma "compaixão para com Deus" é própria de uma época democrática –); todos unânimes na gritaria e na impaciência da compaixão, no ódio mortal ao sofrimento, na quase feminina incapacidade de permanecer espectador, de *deixar* sofrer; unânimes no involuntário ensombrecimento e abrandamento, à mercê do qual a Europa parece ameaçada por um novo budismo; unânimes na crença na moral da compaixão *universal*, como se ela fosse a moral em si, o cúmulo, o cume alcançado pelo homem, a esperança única do futuro, o conforto da vida presente, o grande resgate das culpas de outrora: – todos eles unânimes na crença na comunidade *redentora*, isto é, no rebanho, em "si"...[490]

Todas essas concordâncias indicam um mesmo tipo de homem, o tipo *rebanho* de homem, tipo predominante nas sociedades excessivamente pacíficas, nas quais, devido a esse excesso de paz, há um aumento da sensibilidade à dor, o que cria a condição para o surgimento e consolidação da

---

[487] BM, §202.
[488] *Id.*
[489] *Cf.* BM, §202.
[490] *Id.*, §203.

crença na moral da compaixão universal. Que homens façam uma moral para si mesmos, e que essa moral seja moral da compaixão, isso não é um problema para Nietzsche. Essa moral torna-se um problema para ele quando ela é imposta para todos, pois "a exigência de *uma* moral para todos é nociva precisamente para os homens elevados"[491], uma vez que, segundo o filósofo, o que serve de alimento para um tipo menor de homem pode ser veneno para um tipo superior[492].

Nietzsche aponta para a estupidez de não se permitir que determinados homens tenham suas próprias morais, distintas da moral dominante. Ele não nega a necessidade da moral da compaixão para tipos comuns, para homens de rebanho, mas reclama a necessidade de uma moral própria para o tipo superior. É que o tipo superior, ao ser constrangido a participar de um estilo de vida regido por valores que, no lugar de propiciarem o seu desenvolvimento, colaboram para o seu definhamento, assume valores em desacordo com o que propicia seu crescimento, e age no sentido contrário ao do seu benefício. Obrigado a adotar as valorações alheias, o homem elevado, dotado do mais refinado espírito, torna-se, então, medíocre. É nesse sentido que Nietzsche vê o movimento democrático moderno, com sua moral da compaixão universal, como uma forma de diminuição não só das organizações políticas, como também dos tipos superiores[493], e, por meio dela, do próprio homem, "sua mediocrização e rebaixamento de valor"[494].

> Toda moral não-egoísta, que se toma por absoluta e se dirige a todo e qualquer um, não peca somente contra o gosto: é uma instigação a pecados de omissão, uma sedução *mais* sob a máscara da filantropia – e precisamente uma sedução e injúria para os mais elevados, mais raros e privilegiados[495].

Aquilo que o filósofo critica na modernidade, então, não é, assim, a moral da compaixão, mas a absolutização da moral da compaixão, ou

---

[491] *Id.,* § 228.
[492] *Cf.* BM, §30.
[493] Na prática da compaixão, subjaz uma hostilidade em relação aos fortes, uma vez que, da compaixão, emerge uma prática que gostaria de eliminar o sofrimento, sem o qual, no entanto, não teriam sido criadas até agora todas as elevações do homem, pois "para que o criador exista, são deveras necessários o sofrimento e muitas transformações" (ZA, II, Nas Ilhas bem-aventuradas). A força e nobreza do homem é cultivada na tensão da alma na desgraça, e afrouxar o arco retesado por meio da compaixão é aniquilar os gérmens a partir dos quais poderia brotar a grandeza humana. *Cf.* MÜLLER-LAUTER, 2009, p. 161. Como Nietzsche afirmará em *O Anticristo*, a compaixão, com seu efeito depressivo, "é a prática do niilismo", "é um instrumento capital na intensificação da *décadence*, como *multiplicador* da miséria e como *conservador* de tudo que é miserável", sendo, assim, uma "tendência *hostil à vida*" (AC, 7).
[494] BM, §203.
[495] BM, §221.

seja, a presunção de se considerar essa moral como sendo a única, e de obrigar a todos sua adoção, mesmo a custo dos homens superiores e da elevação do homem. Tal crítica é parte essencial da obra porque só por meio dela abrem-se as condições para o surgimento e crescimento de um tipo nobre de homem a ser educado, criado ao longo de várias gerações. Em uma clara tomada de posição em favor dos homens superiores e do engrandecimento do homem em geral, Nietzsche expõe suas esperanças por *"novos filósofos"*[496], "espíritos fortes e originais o bastante para estimular valorizações opostas e tresvalorar e transtornar 'valores eternos'"[497]. O objetivo desses novos filósofos é o de ensinar ao homem "o futuro do homem como sua *vontade*, dependente de uma vontade humana, e preparar grandes empresas e tentativas globais de disciplinação e cultivo [*Zucht und Züchtung*]"[498]. Tais empresas e tentativas encontram suas condições de possibilidade em comunidades aristocráticas, se vistas justamente como instituições, voluntárias ou involuntárias, "para fins de *cultivo*"[499]. Em comunidades aristocráticas, segundo o filósofo, uma *espécie* cria e cultiva, para poder se impor e se tornar duradoura, somente as propriedades – "que ela as denomina virtudes"[500] – graças às quais "ela deve, acima de tudo e apesar de todos os deuses e homens, o fato de ainda viver e de ter sempre vencido"[501]. Para que seja possível o cultivo de tais propriedades e o fortalecimento e firmeza de uma espécie[502], propiciando, assim, o crescimento vigoroso da planta "homem" às alturas[503], as condições dessas comunidades aristocráticas devem ser as mais perigosas e desfavoráveis possíveis. O filósofo acredita que, nessas condições, cada membro dela refina seu "espírito" – que não é senão, segundo ele, sua força de invenção e dissimulação, aumentada sob prolongada pressão e coerção[504] – e exacerba sua vontade de vida até se tornar absoluta vontade de poder. A constância, a regularidade com a qual somente algumas propriedades são por várias gerações alimentadas e exercitadas com dureza e desejo de dureza endurecem, consolidam, estabilizam uma *espécie*.

---

[496] *Id.*
[497] *Id.*
[498] *Id.*
[499] BM, §262.
[500] *Id.*
[501] *Id.*
[502] *Id.*
[503] *Cf. Id.*, §44.
[504] *Cf. Id.*, §44.

> Um tipo dotado de poucos, porém fortes traços, uma espécie de homens severos, guerreiros, sabiamente silentes, fechados e reservados (e como tais possuindo o mais fino sentimento para os charmes e nuances da sociedade), é fixada por esse modo através da mudança das gerações[505].

Esses filósofos serão, portanto, educadores, e num sentido estrito de disciplinadores do espírito e da vontade de vida dos homens. E mais: eles serão empreendedores de programas transgeracionais de educação disciplinadora e cultivadora[506] de um tipo sólido, estável de homem – e de homem duro, severo no sentimento, com o *coração de aço*[507]. Cabe aos espíritos livres, então, segundo Nietzsche, cuidar para que sejam criadas as circunstâncias, caminhos e testes para um crescimento e fortalecimento tal de uma alma que ela sinta a obrigação de ensinar e empreender o cultivo de um tipo que realize um ideal de homem completamente oposto daquele que é promulgado em sua época. O espírito livre, que está sempre além de bem e mal, além da moral dominante de uma época – incluindo a moral da compaixão –, é, portanto, um educador, um formador do homem cultivador do tipo de homem afirmativo, um formador do novo filósofo, do educador-disciplinador do espírito e da vontade do tipo forte, de grande saúde, tornando refinado seu espírito e grande sua vontade. O espírito-livre, enquanto educador de almas, forma a alma de um filósofo-educador, de um cultivador de homens de espírito refinado e de grande vontade, de homens que realizam o ideal de homem *grande*:

> O ideal do homem mais exuberante, mais vivo e mais afirmador do mundo, que não só aprendeu a se resignar e suportar tudo o que existiu e é, mas deseja tê-lo novamente, tal como existiu e é, por toda a eternidade, gritando incessantemente "da capo" [do início], não apenas para si mesmo, mas para a peça e o espetáculo inteiro, e não apenas para um espetáculo, mas no fundo para aquele que necessita justamente desse espetáculo – e o faz necessário: porque sempre necessita outra vez de si mesmo – e se faz necessário – Como? E isto não seria *circulus vitiosus deus* [deus como círculo vicioso]?[508]

---

[505] *Id.*, §262. Aqui fica evidente uma posição fundamental distinta de Nietzsche em relação a Gobineau, um dos principais teóricos do racismo no século XIX. Os humanos, na visão de Nietzsche, não são espécimes biologicamente fixadas, como pensava Gobineau, mas tipos mutáveis e adaptáveis de acordo com o meio social e ambiental em que são criados. *Cf.* MARTIN, 2004, p. 43.

[506] *Cf.* HOYER, 2003, p. 66.

[507] *Cf.* BM, §203.

[508] *Id.*, §56.

O ideal de homem de Nietzsche é, portanto, o ideal do homem que afirma o eterno retorno, e, como tal, do homem que cria valores e, assim, torna-se o que é. Para o cultivo de um tipo que realize esse ideal, o filósofo avalia as instituições de educação e formação de seu tempo como completamente inadequadas, uma vez que em sua época, que ele considera "tão popular, ou melhor, plebéia, 'educação' e 'formação' têm de ser, essencialmente, arte de enganar – enganar quanto à origem, quanto à plebe herdada no corpo e na alma"[509].

> Um educador que hoje em dia pregasse a veracidade acima de tudo, gritando continuamente a seus discípulos "Sejam verazes! Sejam naturais! Mostrem-se como são!" – mesmo um tal ingênuo e virtuoso asno aprenderia, após algum tempo, a tomar daquela furca [forcado] de Horácio, para *naturam explellere* [expulsar a natureza]: com que resultado? "Plebe" *usque recurret* [volta sempre][510].

Ou seja, nas condições, então, existentes, nas quais predomina o instinto de rebanho no homem, não basta que um educador exorte a todos para que cada um se torne o que é, pois é justamente disso que serão incapazes, uma vez que, em tais condições, a falta, na alma e no corpo dos homens modernos, de dureza e de desejo de dureza indica pobreza de vida, de vontade de poder, de impulso de autossuperação, sem o qual não é possível que eles alcancem o pensamento do eterno retorno e criem, então, valores próprios – falta que não permite que seja possível que eles se tornem verazes, naturais, ou seja, eles mesmos. Ser ou tornar-se um tipo de homem que tenha uma herança física e espiritual distinta do tipo plebeu – marcado por "alguma intemperança repulsiva, alguma inveja mesquinha, uma maneira rude de sempre dar-se razão"[511] – é o pré-requisito indispensável para alguém se tornar o que é. Por isso, é preciso um tipo de ação educativa que seja formadora, por meio de uma disciplina imposta aos indivíduos e a seus descendentes ao longo de várias gerações, de um novo tipo de homem. E para modificar um tipo plebeu, as religiões, segundo o filósofo, podem ser de grande valia, uma vez que, utilizadas pelos novos filósofos para suas obras de educação e cultivo, elas oferecem a uma parte dos homens – em cujas classes crescem, ainda que lentamente, por meio de "felizes costumes matrimoniais"[512],

---

[509] *Id.*, §264.
[510] *Id.*
[511] *Id.*
[512] *Id.*, §61.

a vontade de autodomínio – práticas de ascetismo e puritanismo como "meios de educação e enobrecimento quase indispensáveis"[513]. As práticas ascéticas e puritanas são recomendáveis, assim, para um determinado tipo de homem, o tipo plebeu, e não como tendo fim em si, mas como um meio educativo e enobrecedor.

Nietzsche distingue, assim, dois tipos ou níveis de educação: aquela, operada pelo espírito livre sobre uma alma, para a formação de um novo filósofo; e aquela, operada pelos novos filósofos sobre almas e corpos, para a criação, o cultivo do tipo nobre. O primeiro nível é o da formação [*Bildung*] de uma alma pedagoga, e o segundo é o da criação, cultivo [*Zuchtung*] de um tipo afirmativo, supremamente afirmativo. Os dois tipos ou níveis de educação são distintos, mas estão interligados. Enquanto o primeiro tipo ou nível de educação consiste na formação, pelos espíritos livres, de filósofos-educadores, o segundo tipo ou nível de educação consiste no cultivo, pelos filósofos-educadores, e em comunidades aristocráticas (e, para os plebeus, em comunidades religiosas comandadas pelos novos filósofos), de propriedades que, após gerações e gerações, seriam física e espiritualmente herdadas, formando e firmando um novo tipo de homem, de espírito refinado e de grande vontade de poder: o *tipo nobre* de homem.

Contudo, tal educação e formação do tipo nobre de homem não pode ser possível sem que, antes, as morais sejam forçadas "a inclinar-se antes de tudo frente à hierarquia"[514], pois, do contrário, continuarão a generalizar "onde não pode ser generalizado"[515] – uma vez que tipos raros de homens exigem tipos raros de morais –, conduzindo, assim, ao rebaixamento dos tipos elevados, à diminuição do homem. Daí porque Nietzsche sustenta que é preciso pressionar as morais a admitirem diferenças de valor entre elas, pois uma moral, para ele, deve levar em conta, antes de tudo, o tipo de homem com o qual ela se relaciona, uma vez que pode conduzir certos tipos, e tipos superiores, a um modo de vida que os levará fatalmente à destruição ou ao definhamento. Desse modo, moral é sempre, para o filósofo, moral *para um tipo de homem*. Qualquer generalização que tome uma moral como moral *para todos* é sempre, por isso, ele diz, imoral. De modo que às morais "é preciso lhes lançar na cara sua presunção, até que conjuntamente se dêem conta de que é *imoral* dizer: 'o que é certo para um é certo para outro'"[516].

---

[513] *Id.*
[514] *Id.*, §213.
[515] *Id.*, §198.
[516] *Id.*, §221.

Foi catalogando os traços recorrentes e interligados entre as diversas morais que Nietzsche distinguiu dois tipos básicos de moral: a moral dos senhores e a moral de escravos – e, ele acrescenta, acontece de surgirem tentativas de mediação entre elas, "confusão das mesmas e incompreensão mútua, por vezes inclusive dura coexistência – até mesmo num homem, no interior de *uma* só alma"[517]. Em que consiste cada tipo de moral?

Considerando que as morais se distinguem segundo a origem de cada uma, Nietzsche afirma que a moral dos senhores surge dentro do que ele chama de "uma espécie dominante"[518]; e a moral dos escravos, "entre os dominados, escravos e dependentes em qualquer grau"[519]. A primeira é a moral do homem nobre, que, considerando distintivo e determinante da hierarquia "os estados de alma elevados e orgulhosos"[520] gerados por uma "abundância de poder"[521], julga o que lhe é benéfico como benéfico em si, e, assim, honrando as coisas, *distinguindo*-as, cria valores. Já a moral dos escravos, ao pôr em relevo e aureolar propriedades como a compaixão, a solicitude, a afabilidade, "o coração cálido, a paciência, a diligência, a humildade, a amabilidade"[522], é considerada pelo filósofo como sendo essencialmente "uma moral de utilidade"[523]. "Aqui está o foco de origem da famosa oposição 'bom' e 'mau' – no que é mau se sente poder e periculosidade, uma certa terribilidade, sutileza e força que não permite o desprezo"[524]. É assim que para o modo de pensar escravo, o homem que inspira e quer despertar medo é "mau". No entanto, para o modo de pensar do homem nobre, esse mesmo homem é, ao contrário, "bom". Já "bom" para o modo de pensar escravo é um homem inofensivo: "é de boa índole, fácil de enganar, talvez um pouco estúpido, ou seja, um *bonhomme* [um bom homem]"[525].

Nietzsche ensina justamente o oposto do *bonhomme* da moral dos escravos: o *gentilhomme*[526], o homem nobre da moral dos senhores. O tipo

---

[517] *Id.*, §260.
[518] *Id.*
[519] *Id.*
[520] *Id.*
[521] *Id.*
[522] *Id.*
[523] *Id.*
[524] *Id.*
[525] *Id.*
[526] *Cf.* KOFMAN, 1993, p. 293. Note-se que o uso do termo *gentilhomme*, e não do termo *nobreza*, parece ter sido tanto para enfatizar que a França pré-revolucionária é o lugar privilegiado desse tipo quanto para afirmar o parentesco do filósofo com Voltaire, que, em *Humano Demasiado Humano*, tinha sido classificado entre a "gentilhommerie" (pequena aristocracia), no sentido "intelectual" do termo. *Cf. Id.*, p. 294.

nobre de homem é, segundo o filósofo, obra de uma sociedade aristocrática, na qual, da diferença entre as classes, nasce o *pathos da distância*, o desejo de manter o que não lhe é igual abaixo e longe de si – desejo do qual, por sua vez, nasce um outro *pathos*, "o desejo de sempre aumentar a distância no interior da própria alma, a elaboração de estados sempre mais elevados, mais raros, remotos, amplos, abrangentes"[527]. Experimentando uma sensação de plenitude, repleto de força, "de poder que quer transbordar"[528], o *gentilhomme*, em distinguindo, honrando, aproximando de si as coisas que geram nele os "estados de alma elevados e orgulhosos"[529], cria valores. Estabelecendo valores por si próprio, por si próprio também atribui a si um valor, e um valor positivo[530], pois sua crença, fé, delicada reverência, respeito é por si mesmo[531]. Entendido na arte de venerar, o homem nobre tem reverência não somente por si, mas também, e profundamente, pela idade e pela origem[532], bem como pelas vivências sagradas – algo que Nietzsche afirma ser possível encontrar, no seu tempo, mais nos camponeses do que nos homens cultos[533]. Enxergando diferença de posição, categoria, dignidade, grau entre um homem e outro, ele afasta, despreza, mantém distância de si os seres nos quais se exprime o contrário dos estados de elevação e orgulho[534] – o que não quer dizer que o homem nobre não ajude o infeliz, "mas não ou quase não por compaixão, antes por um ímpeto gerado pela abundância de poder"[535]. De todo modo, o *gentilhomme*, de modo geral, não tem nada necessariamente de "gentil" senão entre os seus iguais, uma vez que, segundo o filósofo, o homem nobre parte sempre do princípio de que "apenas frente aos iguais existem deveres; de que frente aos seres de categoria inferior, a tudo estranho-alheio, pode-se agir ao bel-prazer"[536], razão pela qual ele desperta – e quer despertar – medo[537].

---

[527] *Id.*, §257. Tal ideal, sabe Nietzsche, é intolerável aos homens de seu tempo, tempo esse marcado pelo espírito democrático moderno, que quer a igualdade, o nivelamento, a ausência de diferença e de distância e que defende a renúncia do eu à sua afirmação. *Cf.* KOFMAN, 1993, p. 295.
[528] BM, §260.
[529] *Id.*
[530] *Cf. Id.*, §261.
[531] *Cf.* BM, §265.
[532] *Cf.* BM, §260.
[533] *Cf.* BM, §263.
[534] *Id.*, §260.
[535] *Id.*, §261.
[536] *Id.*, §260
[537] *Cf.* BM, §260. Em *Genealogia da Moral*, Nietzsche, sobre o temor em relação ao homem nobre, irá, em conexão com a temática do niilismo em relação ao homem plácido, explicitar e esclarecer ainda mais seu ponto de vista:

4.6 Genealogia da Moral

Até *Zaratustra*, desde *Aurora*, Nietzsche, como parte de sua tarefa, ligada ao seu projeto de realização de um ideal de homem afirmativo, de transvaloração de todos os valores, afirmou a necessidade de tudo o que estava sendo, até então, desprezado pela moral do seu tempo. A partir de *Além de bem e mal*, transvalorando mesmo todos os valores existentes, o filósofo afirma não só a necessidade como também a possibilidade do mais alto valor de tudo aquilo que, até então, estava sendo desvalorizado pela moral da compaixão[538].

> Com todo o valor que possa merecer o que é verdadeiro, veraz, desinteressado: é possível que se deva atribuir à aparência, à vontade de engano, ao egoísmo e à cobiça um valor mais alto e mais fundamental para a vida. É até mesmo possível que aquilo que constitui o valor dessas coisas boas e honradas consista exatamente no fato de serem insidiosamente aparentadas, atadas, unidas, e talvez até essencialmente iguais a essas coisas ruins e aparentemente opostas[539].

Aqui, ao afirmar a possibilidade de que certos impulsos desprezados pela moral dominante, como a vontade de engano e o interesse egoísta, tenham mais valor que os impulsos da vontade de verdade e do desinteresse, bem como a identidade entre esses impulsos, o filósofo não faz uma simples inversão de valores, pois ele não afirma o valor superior dos impulsos até então desprezados em detrimento dos outros impulsos até então elogiados. A transvaloração de todos os valores acontece, em *Além de bem e mal*, assim, como uma afirmação do valor mais alto de valores desprezados pela moral dominante, e também da necessidade dos valores aparentemente opostos aureolados por ela, ainda que estes sejam possivelmente mais baixos do ponto de vista de sua importância para a vida[540].

"Pode-se ter completa razão, ao guardar temor e se manter em guarda contra a besta loura que há no fundo de toda raça nobre: mas quem não preferiria mil vezes temer, podendo ao mesmo tempo admirar, a *não* temer, mas não mais poder se livrar da visão asquerosa dos malogrados, atrofiados, amargurados, envenenados? E não é esse o *nosso* destino? O que constitui hoje nossa aversão ao 'homem'? – pois nós *sofremos* do homem, não há dúvida. – *Não* o temor; mas sim que não tenhamos mais o que temer no homem; que o verme 'homem' ocupe o primeiro plano e se multiplique; que o 'homem manso', o incuravelmente medíocre e insosso, já tenha aprendido a se perceber como apogeu e meta" (GM, I, §11). No parágrafo seguinte, ele afirma: "junto com o temor do homem, perdemos também o amor a ele, a reverência por ele, a esperança em torno dele, e mesmo a vontade de que ele exista" (*Id.*, I, §12).

[538] *Cf.* EH, Além de bem e mal, §1.
[539] BM, §2.
[540] Se a obra se chama *Além de bem e mal* é justamente porque nela há uma filosofia que, ao reconhecer que o engano e o egoísmo são condições da vida, vai além da moral – e, note-se, da moral *vigente*, dos sentimentos de

Mas é em *Genealogia da Moral* que estão, afirma Nietzsche, as "preliminares a uma transvaloração mesma de todos os valores"[541] – e, com elas, portanto, as condições prévias para a promulgação do ideal pedagógico do tipo de homem afirmativo. Essas preliminares, em que consistem? Por que seriam preparatórios para a transvaloração? E, principalmente, de que maneira, por meio delas, o ideal do homem afirmativo é promulgado?

O tema, que tinha surgido já em *Humano*, é a origem [*Herkunft*][542] dos preconceitos morais[543]. O filósofo conta que já aos 13 anos colocava-se o problema da origem do bem e do mal, problema esse que foi, depois, transformado no problema sobre as condições nas quais os homens inventaram para si os juízos de valor "bom" e "mau", bem como sobre o valor da moral[544]. Enxergando na divinização e idealização dos valores do não egoísmo, dos instintos de compaixão, abnegação, sacrifício, o grande *perigo* para a humanidade, o perigo da vontade que se volta contra a vida, o filósofo propôs-se a uma crítica *dos valores morais,* questionando o próprio valor desses valores – sendo necessário para isso um conhecimento das condições e circunstâncias nas quais nasceram, sob as quais se desenvolveram e se modificaram[545]. Ao longo de sua obra o filósofo mostra, assim, as condições de surgimento e valorização desses valores.

Na primeira dissertação da obra, Nietzsche faz a "psicologia do cristianismo"[546]. Segundo ele, o cristianismo nasceu não do Espírito Santo, mas do espírito do ressentimento. Assim, no lugar de uma revelação divina, o filósofo identifica no nascimento da religião cristã um fenômeno de ordem psicológica[547].

O cristianismo surgiu como meio para a realização da meta da ânsia de vingança dos judeus, povo de sacerdotes, contra seus inimigos e conquistadores, os povos de guerreiros, "os nobres, os poderosos, superiores em

---

valor que se tornaram habituais, como o sentimento de que a verdade é superior à falsidade.
[541] EH, Genealogia da Moral.
[542] Como bem mostra Foucault, não se trata de um esforço para captar na origem a essência exata da coisa, sua forma imóvel e anterior a tudo o que é externo, acidental e sucessivo, pois Nietzsche escuta a história, que não encontra por trás das coisas nenhuma essência, ou encontra a construção de sua essência a partir de figuras que lhe são estranhas. *Cf.* FOUCAULT, 1971, p. 262.
[543] *Cf.* GM, Prefácio, §2.
[544] *Cf. Id.*, Prefácio, §3.
[545] *Cf. Id.*, Prefácio, §6.
[546] EH, Genealogia da Moral.
[547] *Cf.* KOFMAN, 1993, p. 303.

posição e pensamento"⁵⁴⁸. Impossibilitados e impotentes de uma reação por meio dos atos, os judeus, escravizados, cheios de ressentimento e tomados de extremo ódio – que se tornou "a coisa mais espiritual e venenosa"⁵⁴⁹ – encontraram reparação por meio "do ato da mais espiritual vingança"⁵⁵⁰, da "vingança imaginária"⁵⁵¹, de uma radical transvaloração dos valores de seus adversários e dominadores. Invertendo a espontânea equação aristocrática de valores, que considerava iguais os termos "bom", "nobre", "poderoso", "belo" e "feliz", os judeus, ao fundirem "bom", "pobre", "impotente", "feio" e "sofredor", empreenderam *a revolta dos escravos na moral*"⁵⁵².

Aparente antagonista de Israel, Jesus de Nazaré, levando a mensagem da vitória aos pobres e aos doentes, seduziu para "os valores judeus e inovações judaicas do ideal"⁵⁵³. Como evangelho vivo do amor de Deus aos miseráveis e sofredores, amor pelo qual crucificou-se para a salvação do homem, Jesus teria sido, de acordo com Nietzsche, um instrumento de realização da meta de ânsia judaica de vingança – mascarada de "triunfo da justiça", "vitória de Deus" – contra os homens nobres. No fundo do cristianismo, o psicólogo alemão encontra, portanto, o ódio, o ressentimento, a ânsia de vingança dos judeus⁵⁵⁴.

Na segunda dissertação, Nietzsche oferece "a psicologia da *consciência*"⁵⁵⁵. Ele não se refere, no entanto, ao "estar consciente", à percepção, que, em alemão, corresponde ao termo *Bewuβtsein*. O termo que o filósofo usa é *Gewissens*, que designa a consciência moral, a faculdade de fazer distinções morais. Nietzsche faz a psicologia, portanto, da consciência *moral*.

A crença mais comum e popular na época de Nietzsche, bem como em Kant, era de que a consciência moral era a voz de Deus no homem⁵⁵⁶. No entanto, o filósofo, ao refletir sobre a origem da consciência, encontrará não uma voz divina voltada para o homem, mas um instinto no homem voltado *contra* o homem.

---

⁵⁴⁸ GM, I, §2.
⁵⁴⁹ GM, I, §7.
⁵⁵⁰ Id.
⁵⁵¹ Id., I, §10.
⁵⁵² Id., I, §7.
⁵⁵³ Id., I, §8.
⁵⁵⁴ Em *O Anticristo*, Nietzsche escreverá: "O cristianismo tem por base a *rancune* [o rancor] dos doentes, o instinto voltado *contra* os sadios, *contra* a saúde" (AC, §51).
⁵⁵⁵ EH, Genealogia da Moral.
⁵⁵⁶ *Cf.* GIACÓIA JR., 2012, p. 165; KOFMAN, 1993, p. 304.

De acordo com Nietzsche, nos primórdios, o homem selvagem, livre e errante, era guiado inconscientemente, com segurança, por impulsos reguladores. Ele descarregava para fora seu *"instinto de liberdade"* (na minha linguagem: a vontade de poder)[557], com o qual praticava, contra inimigos e resistências exteriores existentes, "a hostilidade, a crueldade, o prazer na perseguição, no assalto, na mudança, na destruição"[558]. Até que, sobre esse homem, de forma brusca e repentina, uma organização guerreira de conquistadores e senhores, em sua terrível tirania, impôs-se de modo a, encerrando-o no âmbito da sociedade, da paz e da regularidade dos costumes, reprimir, por meio, sobretudo, de castigos, a manifestação do instinto de liberdade, da vontade de poder[559].

Os velhos impulsos do homem selvagem, apesar de terem sido impedidos de se manifestarem, não deixaram, no entanto, de fazer suas exigências de descarga. Obrigados a buscar novas satisfações, tais impulsos voltaram-se para dentro, contra o homem mesmo, num processo que o filosofo chamou de *"interiorização do homem"*[560]. O homem passou, desse modo, a violentar a si mesmo, a fazer sofrer a si mesmo, e "por prazer em fazer sofrer"[561]. Tal prazer foi herdado do prazer na crueldade antes infligida aos corpos de outros homens e animais, de modo que, de acordo com o filósofo, o prazer na crueldade não mudou, apenas foi sublimado para "o plano imaginativo e psíquico"[562]. A crueldade física foi espiritualizada, transformada, assim, em uma crueldade imaginativa, *psíquica*. O homem passou a declarar guerra aos próprios instintos, a maltratar e violentar a si mesmo, e de forma velada, oculta.

> Esse *instinto de liberdade* tornado latente à força – já compreendemos –, esse instinto de liberdade reprimido, recuado, encarcerado no íntimo, por fim capaz de desafogar-se somente em si mesmo: isto, apenas isto, foi em seus começos a *má consciência* [schlechten Gewissens][563].

---

[557] GM, II, §18.
[558] GM, I, §16.
[559] *Cf. Id.*, II, §17.
[560] *Id.*, II, §16.
[561] *Id.*, II, §19.
[562] *Id.*, II, §7. Em *Além de Bem e Mal*, Nietzsche já tinha considerado que "há também um gozo enorme, imensíssimo, no sofrimento próprio, no fazer sofrer a si próprio" (BM, §229), como na autonegação religiosa – e mesmo no desejo de saber do homem do conhecimento, que, obrigando seu espírito a conhecer de modo radical e profundo, age contra a vontade fundamental do espírito por aparência e superfície. Sobre a sublimação da crueldade, ele escreve: "Quase tudo a que chamamos "cultura superior" é baseado na espiritualização e no aprofundamento da crueldade – eis a minha tese, esse "animal selvagem" não foi abatido absolutamente, ele vive e prospera, ele apenas – se divinizou" (*Id.*).
[563] GM, II, §17.

Considerando a homologia entre a afirmação acima e aquela em *Ecce Homo*, de que a consciência "é o instinto de crueldade que se volta para trás, quando já não se pode se descarregar para fora"[564], parece, então, que a *consciência* (em itálico) a que o filósofo se refere em sua autobiografia corresponde à *má* consciência de sua *Genealogia*: "essa vontade de se torturar, essa crueldade reprimida do bicho-homem interiorizado, acuado dentro de si mesmo, aprisionado no 'Estado' para fins de domesticação"[565]. Mas Nietzsche também encontra crueldade mesmo na história de uma consciência [*Gewissens*] *"melhor"*: da consciência "do homem agressivo, mais forte, nobre e corajoso"[566]. O animal-homem, considerando o axioma da mais antiga psicologia da terra, o de que a dor é o mais poderoso auxiliar da memória[567], ao desenvolver uma contrafaculdade à faculdade ativa do *esquecimento* – que, antecedendo à inscrição das marcas das vivências na memória, inibe qualquer fixação, digerindo e absorvendo tais marcas psiquicamente[568] –, elaborou, como meio de *constituição* da memória, todo um conjunto de procedimentos de fixação de normas e regras, toda uma *mnemotécnica* feita de sacrifícios, mutilações e crueldades[569]. E por que o homem quis fixar normas e regras? Ora, reter algumas restrições elementares do convívio social (de modo a lembrá-lo daquilo que *não quer*, e torná-lo capaz, dessa maneira, de fazer promessas, de lembrar daquilo que *quer*) para que se tornasse, assim, constante, confiável (inclusive para si mesmo, na sua própria representação), permite conquistar o direito a alguns benefícios da vida em sociedade: proteção, cuidado, paz, confiança. Foi, assim, graças ao auxílio da dor, por meio, inclusive, de crueldades contra si, que o animal-homem, escravo momentâneo do afeto e da cobiça, e de consciência [*Bewußtsein*] instável e efêmera, adquiriu uma memória – não uma memória da sensibilidade, relacionada às vivências passadas, mas uma *"memória da vontade"*[570], vinculada às realizações futuras. A memória da vontade é um "prosseguir-querendo o já querido"[571], é um manter o desejo de realizar um ato no futuro e efetivá-lo de fato, a despeito de qualquer adversidade. Sem essa memória, a consciência [*Bewußtsein*] do homem continua sem estabilidade e durabilidade, impossibilitando que se torne confiável na promessa de

---

[564] EH, Genealogia da Moral.
[565] GM, II, §22.
[566] *Id.*, II, §11.
[567] *Cf. Id.*, II, §3.
[568] *Cf. Id.*, II, §1.
[569] *Cf. Id.*, II, §3.
[570] *Id.*, II, §1.
[571] *Id.*

obedecer a esta ou aquela proibição ou restrição da vida social. Com ela, as vivências passam a penetrar mais tempo na consciência [Bewußtsein], que se torna, assim, constante, duradoura. Com os "músculos" da memória fortalecidos pela mnemotécnica, e com uma consciência [Bewußtsein] por eles tornada consistente e estável, o homem torna-se, finalmente, constante, confiável.

Para Nietzsche, a sociedade e a moralidade dos costumes são meios pedagógicos de formação do que ele chama de *"indivíduo soberano"*[572], aquele que só obedece à lei de seu *proprium et ipsissimum*[573]. Exercitando a memória da vontade na moralidade dos costumes, o homem desenvolve-se até adquirir, por fim, "uma vontade própria, duradoura e independente"[574], um *poder* de fazer promessas. Tornado capaz de prometer e responder por si – e com orgulho, ou seja, dizendo *"Sim a si mesmo"*[575] – ele dispensa a *andadeira* da moralidade dos costumes e caminha, então, sozinho: ele determina suas próprias normas. Como um "indivíduo autônomo supramoral (pois "autônomo" e "moral" se excluem)"[576], o indivíduo soberano tem consciência [Bewußtsein] de um "poder sobre si mesmo e o destino"[577], consciência essa que, tornada instinto dominante, é, então, chamada por ele de "consciência" [Gewissens][578]. *Nessa* consciência há uma orgulhosa consciência [Bewußtsein] de poder prometer *tornada instinto*, uma soberba consciência "instintivada" de poder responder por si, de dominar a si mesmo. Na origem dessa consciência [Gewissens] Nietzsche também encontra, assim, como meio para a constituição da memória, a crueldade voltada contra o homem, e do uso dessa crueldade brota não uma má consciência, mas uma orgulhosa consciência [Bewußtsein] de poder e liberdade, um altivo sentimento de realização, de *poder* prometer, que, ao entrar, ao longo de gerações, cada vez mais fundo na carne, ou seja, ao transformar-se em instinto, constitui o homem soberano, sujeito das próprias ações, de elevada responsabilidade.

Assim, na origem e no fundo da *consciência*, seja da *má* consciência do homem do ressentimento, seja da consciência de poder do homem sobe-

---

[572] *Id.*, II, §2.
[573] *Cf.* GIACÓIA JR., 2012, p. 241. Não se trata, tal como em Kant, de uma lei moral universal acima de nós, atuando como imperativo categórico, mas de uma lei personalíssima, própria, de um senso de responsabilidade tornado "extramoral", ou seja, que dispensa, como guia, a moralidade dos costumes.
[574] GM, II, §2.
[575] GM, II, §3.
[576] *Id.*, II, §2.
[577] *Id.*
[578] *Cf.* GM, II, §2.

rano, o psicólogo Nietzsche encontra, portanto, o instinto de crueldade voltado para trás.

Na terceira dissertação, Nietzsche responde à questão "de onde procede o tremendo poder do ideal ascético, do ideal sacerdotal, embora o mesmo seja o ideal nocivo *par excellence*, uma vontade de fim, um ideal de *décadence*"[579]. Em que consiste o ideal ascético, sacerdotal? Por que ele é nocivo? Em que sentido ele é, para Nietzsche, uma vontade de fim, um ideal de *décadence*?

O ideal ascético, sacerdotal, é proveniente de um tipo de homem contemplativo, o tipo sacerdotal. Os homens contemplativos, como o feiticeiro, o adivinho, o religioso – e, mais recentemente, o filósofo –, não possuem, em geral, os instintos que caracterizam os guerreiros, e muito menos o modo de vida ativo, tão característico dos fortes. Sem instintos guerreiros, a estirpe de homens contemplativos, que surge em todas as classes sociais, não era, como a estirpe de homens agressivos, temida, e sim desprezada[580]. Mas mesmo não sendo da estirpe guerreira, os sacerdotes conseguiram apoderar-se dos homens, e mais particularmente onde se impôs a civilização[581].

Segundo o filósofo, a domesticação operada pelos guerreiros dominadores exauriu fisiologicamente o homem encerrado em sociedade, produzindo nele profundo desgosto de si mesmo, do mundo, da vida. Aliado a isso, outros fatores, como velhice, dieta e clima inadequados, doenças degenerativas, bem como fatores hereditários, produziram sentimentos de desprazer, estados de depressão. Os sacerdotes, então, apoderaram-se dos homens oferecendo meios de combate não à doença propriamente, enquanto causa do sofrimento, mas ao desprazer do sofredor. Dentre esses meios, e especificamente como meio de anestesia contra a dor surda, constante, paralisante, ele utilizou o excesso de sentimento, e, particularmente, do sentimento de culpa, originado, como vimos, na crueldade voltada para

---

[579] EH, Genealogia da Moral.

[580] Em *Aurora*, Nietzsche chegou a esse pensamento com algumas nuances. Em "A origem [*Herkunft*] da vida contemplativa", ele escreveu que a contemplação teria surgido com o decaimento da força do indivíduo, que, numa época de juízos pessimistas sobre o homem e o mundo, no lugar de desafogá-los em ações (ou seja, roubando, caçando, atacando e assassinando), passou a fazê-lo, como reflexo de seu cansaço e enfermidade crescentes, em palavras e pensamentos, ou seja, em juízos maus sobre sua vida, seus deuses, seu cônjuge, seus camaradas etc. Os contemplativos, esses homens inativos, e, por isso, tão desprezados, só não foram expulsos da comunidade porque se acreditava que eles dispusessem de forças divinas. "Em tal forma disfarçada, com tal aparência ambígua, com mau coração e, frequentemente, espírito angustiado, a contemplação apareceu inicialmente na terra, ao mesmo tempo fraca e temível, desprezada às ocultas e publicamente coberta de supersticiosa veneração!" (A, §42). Em *O Anticristo*, o filósofo, fazendo uma espécie de psicologia comparada entre o forte e o budista, escreve que a insatisfação, o sofrimento de um homem forte, mas malogrado, é, nele, não como no budista, uma excitabilidade e suscetibilidade desmedida à dor, mas "um avassalador anseio de infligir dor, de desafogar a tensão interior em atos e ideias hostis" (AC, §22).

[581] *Cf.* GM, III, §10.

trás[582]. E para produzir tanto o excesso de sentimento de culpa quanto um sentido para o sofrimento – pois, como o filósofo já tinha dito na dissertação anterior, "o que revolta no sofrimento não é o sofrimento em si, mas a sua falta de sentido"[583] – o sacerdote ascético reinterpretou a má consciência, esse sofrimento do homem e oculta violentação de si mesmo, originados nas primeiras civilizações humanas, como uma punição, um castigo a algum "pecado" cometido pelo sofredor em algum momento do passado[584]. Assim, interpretando o sofrimento do indivíduo com ele próprio como causado por ele mesmo, o sacerdote, por meio do excesso de sentimento de culpa, não só promoveu, mergulhando o doente em autossuplícios, automartírios e todos os "tormentos de penitência, contrições e espasmos de redenção"[585], a diminuição da depressão, da fadiga, do cansaço da vida, como também forneceu um sentido ao sofrimento – além de mudar a direção do ressentimento do sofredor, que instintivamente busca uma causa fora de si para o seu sofrimento a fim de, por meio de uma intensa reação, mitigar a sua dor endógena[586]. O sofredor, desse modo, tornado "pecador", considerando-se responsável pelo seu próprio sofrimento e dirigindo seu ressentimento contra si mesmo[587], deixou de queixar-se do sofrimento e passou, então, a querer, a pedir por mais dor, por mais sofrimento. No entanto, o preço de se usar o excesso de sentimento de culpa como droga narcótica é bastante alto, uma vez que tal procedimento arruína ainda mais o sistema nervoso do doente, corrompe a saúde da sua alma, e o torna, assim, ainda mais doente[588]. É nesse sentido que Nietzsche afirma que quando o sacerdote ascético "acalma a dor que a ferida produz, *envenena no mesmo ato a ferida*"[589].

    O ideal ascético serve, justamente, ao propósito do excesso de sentimento[590]. Se o excesso de sentimento objetiva combater a depressão e manter

---

[582] *Cf.* GM, III, §20.
[583] *Id.*, II, §7.
[584] Em *Crepúsculo dos Ídolos*, Nietzsche comentará que Schopenhauer, ao escrever que toda grande dor, seja física, seja espiritual, exprime o que merecemos – pois, segundo o pessimista, não poderia nos sobrevir se não a merecêssemos –, generalizou a interpretação segundo a qual sentimentos gerais desagradáveis são castigos. *Cf.* CI, VI, 6. Em O *Anticristo*, a noção de culpa e castigo é considerada como tendo sido fundada *contra* a ciência, uma vez que tal interpretação, ao tornar o homem infeliz, retira uma das principais condições nas quais, em geral, a ciência prospera: "O homem *não* deve olhar para fora, deve olhar para dentro de si; *não* deve olhar para dentro das coisas de forma sagaz e cautelosa, como quem aprende, não deve absolutamente olhar: deve *sofrer*" (AC, 49).
[585] GM, III, §21.
[586] *Cf. Id.*, III, §15; BRUSOTTI, 2000, p. 21.
[587] *Cf.* BRUSSOTTI, 2000, p. 22.
[588] *Cf.* GM, III, §20.
[589] *Id.*, III, §15.
[590] *Cf. Id.*, III, §20.

o doente na existência, servir ao propósito do excesso de sentimento é ser, portanto, um meio contra a depressão e o suicídio. O psicólogo Nietzsche considera que o ideal ascético, por ser tal meio, não pode nascer, senão, *"do instinto de cura e proteção de uma vida que degenera,* a qual busca manter-se por todos os meios, e luta por sua existência"[591]. O ideal ascético é, desse modo, um meio de combate dos mais profundos instintos de vida contra uma parcial inibição e exaustão fisiológica; um artifício para a preservação da vida, que, no e por meio do homem em degeneração, luta "com a morte, contra a morte"[592]; um meio de sobrevivência utilizado por um instinto-curandeiro de uma vida em *decadência*[593]. Eis em que sentido, assim, o filósofo afirma que o ideal ascético é um ideal da *décadence* [*décadence-Ideal*][594]: ele concerne, diz respeito, convém aos *décadents*.

Vê-se, de todo modo, que o sacerdote é apenas aparentemente inimigo da vida, pois se a vida é apenas ponte, então é preciso que se edifique e se fixe nela, fechando as portas, assim, a todo "niilismo suicida"[595]. O ideal ascético, edificado sobre a ponte da vida pelo sacerdote ascético, é, portanto, um meio de conservação e afirmação da vida, da vida *doente*. O problema é que ele tem por efeito, além de tornar o doente manso, tornar doente o são[596], agindo destruidoramente "sobre *a saúde* e vigor de raça dos europeus"[597] – bem como, consequentemente, sobre o seu gosto, particularmente o literário, uma vez que, escreve o filósofo, passou-se a valorizar em demasia na Europa o *Novo Testamento*, no qual, comparado à literatura grega, com a qual concorria, e mesmo ao *Antigo Testamento*, com sua paisagem heroica e seus homens de coração forte, falta, em seu esmiuçamento das questões mais pessoais, de suas tolices, tristezas e preocupações míseras,

---

[591] *Id.*, III, 13.

[592] *Id.*

[593] A mobilização das forças vitais não impede o declínio, apenas prolonga a agonia. Como bem conclui Müller-Lauter (2009, p. 139), mesmo o triunfo dos fracos sobre os fortes, "mesmo a sua imprescindibilidade até agora para a conservação da espécie, não deve mais esconder que eles levam adiante sua autodestruição e, com isso, a destruição do homem".

[594] A decadência, em Nietzsche, é um conceito biológico, pois significa a diminuição da potência vital pelo processo inextirpável de degeneração, de dissolução natural do organismo. Tal como a decadência, o conceito de vida é também entendido no sentido biológico, e é o conceito fundamental da filosofia de Nietzsche, pois orienta a genealogia em seu momento crítico – e também em seu momento judicativo –, uma vez que constitui o único lugar reconhecido de emergência dos valores, além ou aquém do qual nenhuma valoração é possível. *Cf.* FERREIRA, 1996, p. 34; 38.

[595] GM, III, §22.

[596] *Cf.* GM, III, §15.

[597] *Id.*, III, §21. Em *O Anticristo*, Nietzsche escreverá que o sacerdote "tem interesse vital em tornar *doente* a humanidade e inverter as noções de 'bom' e 'mau', 'verdadeiro' e 'falso', num sentido perigoso para a vida e negador do mundo" (AC, §24).

cerimônia com Deus: daí porque, para o filósofo, falta educação no ideal ascético, que, aliás, ele afirma, nunca foi "uma escola do bom gosto, menos ainda das boas maneiras"[598].

O temor de Nietzsche é de que, com tal efeito sobre os doentes e, especialmente, sobre os sãos, venha ao mundo, pelo cruzamento do grande *nojo* ao homem e da grande *compaixão* pelo homem, "a 'última vontade' do homem, sua vontade de nada, o niilismo"[599]. O nojo do homem, como vimos anteriormente, é uma forma de desespero face à realidade, particularmente à realidade da existência de homens pequenos, de cristãos[600]. Daí porque, considerando que são os *mais fracos* "os que mais corroem a vida entre os homens, os que mais perigosamente envenenam e questionam nossa confiança na vida"[601], o filósofo propõe o afastamento em relação aos doentes para que "nós mesmos, meus amigos, ao menos por algum tempo ainda nos defendamos das duas mais terríveis pragas que podem estar reservadas para nós precisamente"[602].

E de onde procede, finalmente, o tremendo poder do ideal ascético? Do fato de que, uma vez que o problema do homem sofredor não é o sofrer mesmo, mas o sentido do sofrer, e que o homem *sofre* do problema do seu sentido[603], o ideal ascético foi, até então, o único ideal a fornecer um sentido ao sofrimento e ao querer do homem. Porque não surgiram, até agora, outros ideais, querer o fim da vida, negar os pressupostos mais fundamentais da vida, afastando-se do devir, do desejo, do anseio, ou seja, querer o nada é ainda um querer, uma vontade – porque "o homem preferirá ainda *querer o nada* a *nada querer...*"[604].

As três dissertações de *Genealogia da Moral* são, como Nietzsche afirmou em sua autobiografia, trabalhos de um psicólogo. E por que são preparatórios esses trabalhos de psicologia do cristianismo, da consciência e do sacerdote para uma transvaloração de todos os valores?[605] O psicólogo olha o fundo do cristianismo, da consciência, do sacerdote, e mostra que não foram produtos de uma inspiração divina. O primeiro está fundado

---

[598] GM, III, §22.
[599] *Id.*, III, §14.
[600] Nojo à *indecência* de um "homem moderno" ser cristão sem nenhuma vergonha. *Cf.* AC, §38.
[601] GM, III, §14.
[602] *Id.* E se com "nós" o filósofo inclui-se enquanto *espírito livre*, o temor de Nietzsche ganha contornos ainda mais dramáticos, uma vez que se os espíritos livres se tornam niilistas, fica bloqueado completamente o caminho para o *além-do-homem* que poderia ser criado pelo filósofo-educador por eles formado.
[603] *Cf.* GM, III, §28.
[604] *Id.*, III, §14. Com tal proposição Nietzsche contrapõe-se a Schopenhauer, que concebe a possibilidade de uma negação da vontade. *Cf.* BRUSOTTI, 2000, p. 14 e ss.
[605] *Cf.* EH, Genealogia da Moral.

sobre o ressentimento e a vingança impotente; o segundo, sobre o instinto de crueldade voltado contra o homem; e o terceiro, sobre a vontade de nada.

Considerando que os valores são sintomas de um determinado tipo de vida, Nietzsche mostra que os valores do ideal ascético são sintomas "da vida que declina"[606] e obstruem o crescimento do homem[607]. Com isso, ele prepara o terreno para a transvaloração de valores e, com ela, para a promulgação dos *novos filósofos*, ou seja, como vimos em *Além de Bem e Mal*, de espíritos fortes e originais o bastante para estimular valorizações opostas, transvalorar todos os valores e, assim, criar homens afirmadores do eterno retorno. É o ideal pedagógico de formação do educador, do disciplinador do espírito e da vontade de vida dos homens, do criador de um tipo sólido, estável de homem duro, sentimentalmente severo. Nesse sentido, essa obra do filósofo se dá no âmbito de preocupações fundamentalmente pedagógicas.

4.7 Crepúsculo dos Ídolos

Crepúsculo dos Ídolos ou Como se filosofa com o martelo[608] (1888) é, como expressou o primeiro título pensado para a obra, uma *ociosidade* de um psicólogo[609], e, na medida em que traça caminhos para a cultura, determinando tarefas para uma cultura *nobre*, como veremos, é, também, um trabalho de um educador.

O título é uma paródia à ópera de Wagner, *Crepúsculo dos Deuses*. E o que nele se chama ídolo, afirma Nietzsche, "é simplesmente o que até agora se denominou verdade"[610]. "Verdades" são, portanto, tocadas com o *martelo*: não a rude ferramenta de brutalidade, mas aquela do minerólogo, como se fosse um diapasão, com o qual o filosofo pode auscultar o que há por dentro. Com seus ouvidos de psicólogo, o filósofo percebe, ao tocar com seu martelo certos juízos, conceitos e morais, que elas estão *ocas*, vazias de verdade, e não são, senão, sintomas, seja de ascendência ou de decadência[611].

---

[606] GM, Prólogo, §6.
[607] *Cf.* GM, Prefácio, §3.
[608] O *Crepúsculo dos ídolos* surgiu do projeto da "Vontade de potência. Tentativa de uma Transvaloração de Todos os Valores", com o qual Nietzsche se ocupava desde setembro de 1885. *Cf.* MONTINARI, 1997, p. 78. O filósofo desistiu desse plano e apanhou uma parte utilizável do material produzido até então para o *Crepúsculo dos ídolos* como o resumo de sua filosofia, transformando as ideias trabalhadas sobre o cristianismo na prosa forte e inventiva de *O anticristo*, primeiro dos quatro livros planejados para seu projeto de "Transvaloração dos valores". *Cf. Ibidem*, p. 84.
[609] *Cf.* MONTINARI, 1997, p. 78. Numa carta a Paul Deussen, de 14 de setembro de 1888, Nietzsche declara que tanto *Crepúsculo dos Ídolos* quanto *O Caso Wagner* são "tipos de recreações e digressões, a fim de poder empurrar o meu trabalho facilmente como um jogo, como um livre jogo de minha vontade". NIETZSCHE *apud* KOFMAN, 1993, p. 314.
[610] EH, CI, §1.
[611] *Cf.* KOFMAN, 1993, p. 309.

O filósofo ausculta, por exemplo, o juízo segundo o qual a vida "não vale nada"[612] e averigua, com seu martelo, que em tal juízo não há verdade alguma, incluindo o juízo contrário, uma vez que "juízos de valor acerca da vida, contra ou a favor, nunca podem ser verdadeiros[613], valem apenas como sintomas. 'A vida nada vale' é um juízo, portanto, *oco*, sem verdade, e sintoma de um tipo decadente"[614].

Nietzsche também ausculta o conceito de "ser" – bem como os de "incondicionado", "bem", "verdadeiro", "perfeito" – e o considera, levando em conta que é produto da falta de sentido histórico e do ódio dos filósofos à noção mesma de vir-a-ser, uma ficção só menos vazia que o conceito de "Deus"[615]. Da mesma forma, a "vontade" – que, por sedução da linguagem (que distingue agentes e atos) é concebida como causa –, não é *algo* que atua, "é apenas uma palavra"[616]. "Vontade", "consciência" [*Bewusstsein*], "Eu" são todos conceitos *vazios*, sem verdade alguma[617].

O julgamento moral é também auscultado e descoberto *oco*. A moral, Nietzsche afirma, não guarda nenhuma verdade, e não é, senão, "linguagem de signos, sintomatologia"[618], seja a *moral do cultivo* [*Zuchtung*] (moral dos senhores), seja a *moral da domesticação* (moral da *décadence*). A *moral do cultivo*, cultivo de uma determinada raça e espécie (como a moral indiana), é, segundo ele, sintoma, signo de uma espécie mais branda e mais razoável de homem[619] – pelo menos se comparada com aquele tipo relacionado com a moral de "domadores de animais"[620], moral da *domesticação* [*Zähmung*] da besta-homem (como o cristianismo). A *moral da domesticação* representa justamente "o *movimento oposto* a toda moral do cultivo, da raça, do privilégio"[621],

---

[612] CI, II, §1.
[613] *Id.*, II, §2.
[614] *Cf.* CI, IX, 35.
[615] *Cf.* CI, III, §4.
[616] *Id.*, III, §5.
[617] Nietzsche identifica dentro desses conceitos a "mais antiga e mais duradoura psicologia" (*Id.*, VI, §3), para a qual todo acontecer é um agir por trás do qual há um agente. "O erro do espírito como causa confundido com a realidade! E tornado medida da realidade! E denominado *Deus!*" (*Id.*). É por isso que o filósofo inscreve a moral e a religião na *"psicologia do erro"* (*Id.*, VI, §6), na auscultação do que está no fundo do erro – seja o da confusão da causa e da consequência, do estado da consciência com a causalidade desse estado, bem como da verdade com o efeito do que se acredita como causa.
[618] CI, VII, §1.
[619] *Cf. Id.*, VII, §3.
[620] *Id.*, VII, §1.
[621] CI, VII, §4.

e não é, senão, enquanto vingança dos "pisoteados, miseráveis, malogrados e desfavorecidos"[622], sintoma, signo de um tipo cristão[623].

E o filósofo se dirige também aos ídolos, às "verdades" *mais recentes*, mais senis, adoradas como novos ideais, e que não são senão novas "embalagens" de um antiquíssimo ideal, o ideal ascético, como as "ideias modernas"[624].

Nietzsche ausculta, por exemplo, a ideia moderna de que o abrandamento da humanidade é um positivo progresso, mas ele não encontra nela nenhuma "verdade", pois, na verdade, ela própria, ele afirma, é o sintoma, o signo de uma constituição mais fraca, delicada, suscetível. "Nossa amenização dos costumes – eis minha tese, eis, se quiserem, minha *inovação* – é uma consequência do declínio; a natureza dura e terrível do costume pode ser, ao contrário, consequência do excesso de vida"[625].

Da mesma maneira, a teoria dos "direitos humanos", fala o martelo ao filósofo, também é oca, não contém nenhuma verdade; é, na realidade, a expressão de um assemelhamento real entre os seres humanos, de uma diminuição da distância entre os extremos, entre um ser humano e outro, entre uma classe e outra, signo de redução da multiplicidade de tipos, de redução da "vontade de ser si próprio, de destacar-se, isso que denomino *pathos da distância*"[626]. A ideia moderna de "direitos humanos" é identificada pelo psicólogo, assim, como um sintoma essencialmente próprio do declínio.

As teorias e constituições de Estado da Alemanha, bem como as sociologias da Inglaterra e da França, são também tocadas pelo martelo

---

[622] *Cf. Id.*, VII, §4.

[623] *Cf. Id.*, VII, §2. Ambas as morais, Nietzsche afirma, tiveram que ser terríveis, imorais, seja, como no caso da moral de cultivo, por meio de medidas de insalubridade contra o homem do não cultivo (*Id.*, VII, §3), seja, como no caso da moral da domesticação, mediante medidas de amedrontamento, causadoras de dor, fome e ferida contra a besta-homem. *Cf. Id.*, VII, §2. Sobre esta última, o filósofo escreverá em *O Anticristo* que o cristianismo busca assenhorar-se "de *animais de rapina*; seu método é torná-los *doentes* – o debilitamento é a receita cristã para a *domesticação, a "civilização"*" (AC, §22). Do ponto de vista da psicologia, a diferença entre essas duas morais é que, enquanto a moral da domesticação consiste em erradicar ou associar as pulsões fortes à má consciência, a moral do cultivo consiste em favorecer o surgimento e a conservação de um tipo de homem de caraterísticas pulsionais precisas, sem variações grandes demais de um indivíduo para outro. *Cf.* WOTLIG, 2011, p. 28.

[624] A primeira versão do texto precisa o que ele quer dizer com "ideias modernas": "Todas as ideias políticas modernas, incluindo ideias sobre o 'Reich', a questão operária, o crime, a morte voluntária, o casamento, todas as superstições literárias antes de ontem, os pressupostos da educação, (os falsos e os meus) os mais recentes valores estéticos – tudo isso se exprime e se reverte em cinco palavras" (NIETZSCHE *apud* KOFMAN, 1993, p. 309).

[625] CI, IX, §37.

[626] *Id.*

do filósofo, e Nietzsche continua a escutar um som oco, reconhecendo-as, tal como fizera até então, como sintomas da *décadence*[627]. Não escapa dele nem o *"Reich* alemão", nem a moderna democracia: ambos são identificados como signos de um declínio, formas declinantes do Estado. O casamento moderno chega a ser chamado como testemunha, na esfera política, da *décadence* no instinto de valor. No casamento moderno, diz o filósofo, é instintivamente preferido tudo o que dissolve: o homem deixa de ser o centro de gravidade, a união perde a indissolubilidade como princípio, as famílias não se responsabilizam pela escolha dos noivos, e o matrimônio é fundado não em um instinto – seja o sexual, o de posse, o de formação de domínio (família) etc. –, mas numa idiossincrasia: no amor.

O conceito moderno de liberdade, enquanto ausência de regras, é pensado também como sintoma de *décadence*, de desagregação, de degeneração do instinto, que já não consegue mais se impor, abrindo espaço para a anarquia dos impulsos, que reivindicam a independência, o *laisser-aller*. É porque considera que o homem *moderno* é uma autocontradição fisiológica, na qual os instintos contradizem, perturbam, destroem uns aos outros, que Nietzsche afirma ser uma "racionalidade na educação"[628] não o livre desenvolvimento dos instintos, pois isso os levaria à destruição mútua, mas a paralisação sucessiva de cada um dos sistemas de instintos para permitir a cada outro tornar-se forte.

Todos os ídolos auscultados são, conclui Nietzsche, como diria uma expressão popular, *santos de pau oco*, ou seja, estão vazios de verdade. E os ídolos mais recentes, as "ideias modernas", em particular, não são, senão, sintomas *de uma vida declinante, de uma desagregação dos impulsos* – e só conduzem o homem para *baixo*, para a *pequeneza*, para o tipo cristão, negador da vida. Com tais auscultações, o filósofo prepara o terreno para a inauguração de uma nova era, na qual ele toma na mão o destino da humanidade (que perdeu a segurança infalível de seus instintos) para guiá-la no "caminho *para cima*"[629], para a elevação do tipo humano, para o *além-do-homem*[630].

---

[627] A respeito da sociologia, Nietzsche escreve: "A vida *decadente,* o definhamento de toda força organizadora, isto é, separadora, capaz de abrir fossos, subordinadora e hierarquizadora, formulou-se na sociologia de hoje como *ideal..."* (*Id.*).

[628] *Id.*, IX, §41.

[629] EH, CI, §2. Nietzsche faz aqui uma referência indireta ao "caminho da verdade", de Parmênides, em seu "Poema da Natureza". *Cf.* KOFMAN, 1993, p. 311.

[630] *Cf.* KOFMAN, 1993, p. 312.

O caminho para o *além-do-homem* é um caminho para o enobrecimento do homem, a criação de um tipo nobre. Para tal, é necessária a constituição de uma *cultura* nobre, que para ser alcançada, afirma o filósofo, deve-se buscar a ajuda de educadores. E em que consistiria essa ajuda? Os educadores ajudariam a aprender a *ver*, a *pensar* e a *falar e escrever*.

> Aprender a *ver* – habituar o olho ao sossego, à paciência, a deixar que as coisas se aproximarem; adiar o julgamento, aprender a rodear e cingir o caso individual de todos os lados. Esta é a primeira preparação para a espiritualidade: não reagir de imediato a um estímulo, e sim tomar em mãos os instintos inibidores, excludentes. Aprender a ver, tal como o entendo, é aproximadamente o que a linguagem não filosófica chama de vontade forte, o essencial aí é *não* "querer", ser *capaz* de prorrogar a decisão. Toda não-espiritualidade, toda vulgaridade se baseia na incapacidade de resistir a um estímulo – tem-se que reagir, segue-se todo impulso. Em muitos casos, esse "ter que" já é enfermidade, declínio, sintoma de esgotamento – quase tudo o que a crueza não filosófica designa como "vício" é apenas essa incapacidade fisiológica de *não* reagir[631].

Aprender a ver, portanto, é adquirir espírito – "a cautela, a paciência, a astúcia, a dissimulação, o grande autodomínio e tudo o que seja *mimicry* [mimetismo]"[632]. E adquirindo espírito adquire-se, também, nobreza, uma vez que, como afirma o filósofo, estar disposto não a aguardar, mas a reagir o mais rapidamente possível a um estímulo (prostrando-se servilmente a cada pequenino fato, mergulhando nos outros e em outras coisas) é *"vil* [unvornehm] por excelência"[633]. A constituição de uma cultura nobre passa, portanto, necessariamente, pela aquisição de uma capacidade, uma capacidade fisiológica de resistir a um estímulo. Ao resistir a um estímulo, ao *não* reagir/responder/*obedecer* a um estímulo, aprende-se, antes de qualquer outra coisa, a ser livre e forte.

Aprender a pensar é também uma tarefa porque, escreve o filósofo, pensar exige "uma técnica, um plano de estudo, uma vontade de mestria"[634].

---

[631] CI, VIII, §6.
[632] *Id.*, IX, §14.
[633] *Id.*, VIII, §6.
[634] *Id.*, VIII, §7.

Para Nietzsche, o pensar, bem como o ler[635] e o escrever[636], deve ser aprendido como uma espécie de dança, pois a dança, ele diz, faz parte da *educação nobre*, seja a dança com os pés, com os conceitos, com as palavras, com a *pena*[637].

Todas essas tarefas são meios de colocar o homem no "caminho reto", porque Nietzsche se atreveu a propor um único contraideal ao ideal ascético e a todos aqueles que a este são tipologicamente relacionados[638]. A educação é, portanto, o pivô central para a realização do projeto do filósofo de salvação da humanidade em relação ao caminho pelo qual, até então, ela vinha sendo conduzida perigosamente *para baixo*, ou seja, para a *décadence*. E nessa medida, os educadores possuem, consequentemente, para Nietzsche, uma importância e valor absolutamente vital para o futuro do homem. Mas os educadores aos quais o filósofo se refere não se confundem com professores doutos seja do ginásio ou da academia universitária.

> Precisa-se de educadores que sejam *eles próprios educados*, espíritos superiores, nobres, provados a cada momento, provados pela palavra e pelo silêncio, de culturas maduras, tornadas *doces* – não os doutos grosseirões que ginásio e universidade hoje oferecem aos jovens como "amas-de-leite superiores"[639].

Porque a realização do ideal do além-do-homem não pode vir à luz senão a partir de uma transvaloração de todos os valores, o filósofo elabora, após o término de *Crepúsculo dos Ídolos*, a redação de *O Anticristo*[640], de cujo conteúdo ele, no entanto, não trata em sua biografia intelectual – o que nos impõe um limite, tendo em vista que nos propomos a investigar a

---

[635] Em *O Anticristo*, Nietzsche definirá a arte de ler bem como uma capacidade de "ler fatos *sem* falseá-los com interpretação, *sem* perder a cautela, paciência, a finura, no anseio de compreensão" (AC, §52). Com os gregos e os romanos, a arte de ler bem, *o sentido dos fatos*, como expressa a presença, na antiguidade, de todos os *métodos científicos*, estava, segundo ele, muito bem encaminhada: "o olhar livre ante a realidade, a mão cautelosa, a paciência e a seriedade nas menores coisas, toda a *retidão* do conhecimento – isso já estava presente! Havia mais de dois mil anos!" (*Id.*, §59). Tal arte é, afirma o filósofo, o pressuposto para uma cultura douta, "para a tradição da cultura, para a unidade da ciência" (AC, §59).

[636] Em *Humano II*, o filósofo escreveu: "Mas escrever melhor significa também pensar melhor" (HHII, O Viandante e sua sombra, §87). Já quanto ao escrever bem e ler bem, ele afirma que são virtudes que "crescem juntas e decrescem juntas" (*Id.*).

[637] *Cf.* CI, VIII, §7.

[638] *Cf.* KOFFMAN, 1993, p. 311.

[639] CI, VIII, §5.

[640] EH, CI, §3. O filósofo anuncia a transvaloração de todos os valores no último aforismo do penúltimo capítulo de *Crepúsculo dos Ídolos*. Ele, inicialmente, pretendia terminar o livro com tal anúncio, mas, durante a correção, o filósofo acabou incluindo o capítulo X: "o que devo aos antigos". *Cf.* MONTINARI, 1997, p. 85. *O Anticristo* só será publicado em 1894.

filosofia da educação do Nietzsche a partir de seus textos autobiográficos publicados. De todo modo, se nos é permitido, aqui, um olhar bastante amplo e resumido sobre a obra, *O Anticristo* justifica-se, justamente, como meio para a realização do projeto educativo do filósofo de criação de um tipo nobre de homem, de um *além-do-homem*.

Colocando o problema sobre "que tipo de homem deve-se *cultivar*, deve-se *querer*, como de mais alto valor, mais digno de vida, mais certo de futuro"[641], Nietzsche, em *O Anticristo*, acusa o cristianismo de lutar contra um tipo *mais elevado* de homem tornando-o reprovável, bem como seduzindo-o a um ideal "que *contraria* os instintos de conservação da vida forte"[642], além de corromper a razão dos espíritos fortes fazendo perceber como pecaminosos os valores supremos do espírito, tais como o da disciplina, da liberdade e da frieza do espírito, bem como o da integridade e rigor nas ciências do espírito. Destruindo o pressuposto para o conhecimento ao tornar as consequências naturais dos atos como causadas por "Deus", "espíritos", "almas", "como consequências apenas 'morais', como prêmio, castigo, sinal, meio de educação"[643], comete-se, Nietzsche escreve, "*o maior crime contra a humanidade*"[644]: torna impossível "a ciência, a cultura, toda elevação e nobreza do homem"[645].

Vê-se, assim, que o que está no centro das preocupações do filósofo em *O Anticristo* é o problema pedagógico da criação de um tipo nobre – e a transvaloração de todos os valores é a preparação do solo da cultura para o cultivo do *gentilhomme*.

4.8 O Caso Wagner

O Caso Wagner: Um problema para músicos (1888) é, também, como *Crepúsculo dos Ídolos*, uma ociosidade de psicólogo, e, como parte da tarefa de transvaloração dos valores "que diz Não"[646], faz um ataque tanto a Wagner[647] quanto, e mais ainda, à Alemanha de sua época, "cada vez mais indolente e pobre em instintos"[648]. Na medida em que ela faz um ataque que se dá no

---

[641] AC, §3.
[642] Id., §5.
[643] Id., §49.
[644] Id.
[645] Id.
[646] EH, Além de Bem e Mal, §1.
[647] Referências críticas a Wagner podem ser encontradas desde 1874.
[648] EH, O Caso Wagner, §1.

"sentido e na direção de minha tarefa"[649], ou seja, no sentido e direção da transvaloração de todos os valores, é uma obra que se insere e se justifica, portanto, como parte do projeto educativo de cultivo de um homem nobre supremamente afirmativo. E de que maneira isso acontece?

Nietzsche define no prólogo de *O Caso Wagner* em que consiste a tese da sua obra: "Wagner é *danoso*"[650]. Mas quem e o que ele danifica? Primeiramente, os sãos, considerando que a estes o filósofo se refere ao se incluir na afirmação de que Wagner "nos estraga a saúde – e a música, além disso!"[651]. Ao tornar a música "um meio para excitar nervos cansados"[652], adoecendo-a, Wagner também é prejudicial aos "débeis e exaustos"[653], uma vez que, com sua música doente, ele lhes aumenta a exaustão e corrompe os nervos[654]. Além disso, Wagner danifica o gosto, uma vez que o *pathos* wagneriano, um *pathos* histriônico – pois o instinto dominante de Wagner, como sustenta o psicólogo Nietzsche, é o de ator, que o obrigou a *tornar-se* músico e poeta –, é tão forte, tão viciante, e degenera de tal forma o senso rítmico, que, fazendo qualquer outro músico parecer robusto em demasia, ganha a multidão e estraga qualquer gosto[655]. Wagner é nocivo, inclusive, para os jovens, ao torná-los, por meio da corrupção dos conceitos, "idealistas", metafísicos[656]. Wagner prejudica até mesmo o espírito, tornado "cansado e gasto"[657] pela exaustiva persuasão da sensualidade por meio da sua arte defensora de "toda a falsificação que é a transcendência e o Além"[658]. E na medida em que Wagner promulga o "ódio ao conhecimento"[659] – e, assim, faz guerra contra os espíritos-livres, representando, desse modo, um obstáculo para a ciência, a cultura e o enobrecimento do homem –, ele é supremamente nocivo para a humanidade, para a elevação da humanidade, para a criação de um tipo nobre de homem. Nesse sentido, o ataque de Nietzsche a Wagner se dá, também, e principalmente, a partir de uma defesa do seu projeto pedagógico de enobrecimento do homem, da criação e cultivo do tipo de homem nobre.

---

[649] *Id.*
[650] CW, Prólogo.
[651] CW, §5.
[652] *Id.*
[653] *Id.*, §7.
[654] *Cf.* CW, Pós-escrito.
[655] *Cf.* CW, §7, §8 e Pós-Escrito.
[656] *Cf.* CW, Pós-Escrito.
[657] CW, Pós-escrito.
[658] *Id.*
[659] *Id.*

Em *Ecce Homo*, Nietzsche fala menos sobre a obra propriamente dita e sobre Wagner que sobre os alemães, o que pode ser compreendido se for levado em consideração que Wagner é, para ele, o caso *mais instrutivo* para um *"diagnóstico da alma moderna"*[660]. Mas de que maneira tal caso *instrui*?

Partindo da consideração de que o estilo da *décadence* é caracterizado pela falta de força organizadora[661], pela "desagregação da vontade"[662], pelo "fato de a vida não mais habitar o todo"[663] – todo que, por isso mesmo, "já não é um todo"[664], uma unidade, mas uma pluralidade anárquica de partes autônomas, de elementos independentes –, Nietzsche observa o estilo de Wagner e vê um miniaturismo musical, uma pluralidade de pequenas unidades que não são tecidas de forma a entrelaçarem-se naturalmente, mas servem apenas como "uma retórica teatral, um instrumento da expressão, do reforço dos gestos, da sugestão, do psicológico-pitoresco"[665]. Desse modo, Wagner, afirma o filósofo, é incapaz "de criar formas orgânicas"[666], "de criar a partir do todo"[667] – e, nessa medida, é diagnosticado como um *"típico décadent"*[668].

O que fizeram os alemães diante de Wagner? Inicialmente, segundo Nietzsche, eles, como se tivessem "um faro instintivo para o que é nocivo e ameaçador"[669], resistiram a Wagner com "inibição, suspeita, contrariedade, desgosto, com negra seriedade, como se nele um grande perigo espreitasse"[670]. Depois, mais recentemente, eles, diz o filósofo, desaprenderam a temer Wagner e, mal compreendendo-o, por falta de psicologia, de um exame das motivações do artista, aderiram à "estética da *décadence*"[671]. Mas

---

[660] *Id.*, Epílogo.
[661] *Cf.* MÜLLER-LAUTER, 1999, p. 14.
[662] CW, §7.
[663] *Id.*
[664] *Id.*
[665] *Id.*, §8.
[666] *Id.*, §7.
[667] *Id.*, §10.
[668] *Id.*, §5. Em sua caracterização da *décadence*, Nietzsche faz uso de uma formulação de Bourget sobre a *"décadence* literária". *Cf.* MÜLLER-LAUTER, 1999, p. 24. Bourget define a *décadence* enquanto processo pelo qual se tornam independentes partes subordinadas no interior de um organismo (seja uma língua, seja uma sociedade), e tem por consequência a "anarquia". *Cf. Id.*, p. 12. O conceito nietzscheano da *décadence*, no entanto, formula-se a partir de determinações de fisiologia, que permitem descrevê-la como "perda da capacidade de organização. Segue-se daí desorganização ou desagregação de uma pluralidade reunida num todo: desintegração de uma estrutura disposta em ordem" (*Id.*, p. 24).
[669] CW, Pós-Escrito.
[670] *Id.*
[671] *Id.*, Epílogo.

se os alemães – e mesmo os franceses, marcadamente psicólogos (vide La Rochefoucauld, Descartes) – enganam-se a respeito de Wagner, sentindo-se atraídos pelo que deveriam evitar, é porque devem ter se tornado, como ele, sustenta Nietzsche, *décadents*[672]. A falta de psicologia não é, senão, portanto, resultado da *décadence*.

Os alemães aderiram à estética da *décadence*, mas – e é nisso que consiste, para Nietzsche, o problemático – não deixaram de consumir, também, a estética que a ela se opõe, aquela vinculada aos homens sadios, fortes: a "estética *clássica*"[673]. Acolhendo ambas as estéticas, eles colocaram todo tipo de música num mesmo plano[674], sem fazer diferença entre uma música dionisíaca, afirmativa da vida, e uma música da *décadence*, negadora da vida[675]. E o filósofo observa que, da mesma forma, os alemães engolem tanto a "fé" quanto a cientificidade, tanto o "amor cristão" como o antissemitismo, "tanto a vontade de poder (de "Reich" [Império]) como o *évangelise des humbles* [evangelho dos humildes], sem dificuldade de digestão..."[676]. Por não quererem sentir as oposições entre os valores da moral afirmativa dos senhores e os da moral negativa dos cristãos[677], eles dizem "Sim e Não com o mesmo fôlego"[678], como se pudessem excluir da moral dos nobres "uma aversão instintiva aos *décadents*"[679] e vice-versa. Nietzsche conclui, então, que o problema do século XIX reside em que nós, homens modernos, que constituímos biologicamente uma "*contradição de valores*"[680], "carregamos, sem o saber e contra nossa vontade, valores, palavras, fórmulas, morais de procedências *contrárias* – somos *falsos*,

---

[672] *Cf.* CW, Epílogo e Pós-Escrito.

[673] *Id.*, Epílogo.

[674] Em *Ecce Homo*, ele comenta que, em sua última visita à Alemanha, "encontrei o gosto alemão preocupado em conceder direitos iguais a Wagner e ao Trompeteiro de Säckinger" (EH, O Caso Wagner, §1). Nietzsche refere-se, provavelmente, a uma ópera, baseada num poema de J. V. von Scheffel, de grande sucesso na sua estreia em 1884.

[675] *Cf.* KOFMAN, 1993, p. 317-9.

[676] EH, O Caso Wagner, §1. Em *Ecce Homo*, ele escreve: "Nesse instante, por exemplo, o imperador alemão denomina seu 'dever cristão' libertar os escravos da África: entre nós outros, europeus, isto se chamaria simplesmente 'alemão'..." (*Id.*, O Caso Wagner, §3). Nietzsche pergunta, em *O Anticristo*, para onde foi "o último sentimento de decência, de respeito a si mesmo, se até os nossos estadistas, homens bastante desembaraçados e perfeitamente anticristãos nos atos, ainda se denominam cristãos e recebem a comunhão?... Um jovem príncipe, à frente do seu regimento, magnífico como expressão do egoísmo e da soberba de seu povo – mas, *sem* nenhum pudor, confessando-se cristão! [...] Que *aborto de falsidade* deve ser o homem moderno, se apesar de tudo *não se envergonha* de ainda chamar-se cristão!" (AC, 38).

[677] Em *O Anticristo*, Nietzsche escreve: "Valores cristãos – valores *nobres*: somente nós, espíritos *tornado livres*, restabelecemos esse contraste de valores, o maior que existe" (*Id.*, §37).

[678] CW, Epílogo. Nietzsche confessa, em *O Anticristo*, seu desprezo, nos alemães, "a toda espécie de desasseio nos conceitos e valores, de *covardia* ante todo honesto Sim e Não" (AC, §61).

[679] CW, Epílogo.

[680] *Id.*

psicologicamente considerados"[681]. A insinceridade, a falsidade dos alemães, enquanto um não-querer-ver a realidade do antagonismo entre, de um lado, os valores, as palavras, as fórmulas, a moral dos senhores e, de outro, os valores, as palavras, as fórmulas, a moral *décadent*, é, diz Nietzsche, covardia ante a realidade, "que é também covardia ante a verdade"[682]. O filósofo mostra, por exemplo, o modo presunçoso com que eles interpretaram a Reforma[683] ao afirmarem que foi não o fim de uma época de valores nobres (Renascimento[684]), mas um "renascimento moral". Tal interpretação pressupõe a crença n'A moral, como única; que os alemães representam A ordem moral universal na história; que não há oposição, antagonismo de valores, de morais. Daí porque os alemães não veem problema nenhum em consumir estéticas, valores, palavras e morais divergentes; daí porque sua *"inocência* entre opostos": porque, para eles, que não querem "ver claro em si mesmo"[685], não há oposição. Eles estão certos, firmes, convictos de que a moral que carregam é *a* moral: a-histórica, eterna e universal. Os alemães pensam, assim, que a moral habita um plano metafísico, "ideal", como se houvesse uma moral em si. Daí porque Nietzsche repete: "Sem a menor dúvida, os alemães são uns idealistas"[686].

O inquietante para o filósofo, no entanto, é que os alemães sejam idealistas "precisamente quando, com coragem e superação de si tremendas, havia-se alcançado um modo de pensar reto, inequívoco, inteiramente científico"[687]. É que o idealismo, a insinceridade, tornou-se, neles, instinto[688], de tal modo que passaram a possuir "'boa consciência' [*Gute-Gewissen*] na mentira"[689], ou seja, passaram a mentir *santamente*[690], razão pela qual, mesmo

---

[681] *Id.*

[682] EH, O Caso Wagner, §2.

[683] A Reforma foi um movimento do século XVI encabeçado por Martinho Lutero (1483-1546), que protestou contra diversos pontos da doutrina da Igreja Católica.

[684] O Renascimento, Renascença ou Renascentismo é a denominação dada a um período da história da Europa, geralmente situado entre os fins do século XIII e meados do século XVII, marcado pela descoberta e revalorização das referências culturais da antiguidade clássica.

[685] EH, O Caso Wagner, §3.

[686] *Id.*, O caso Wagner, §1.

[687] *Id.*, O caso Wagner, §2. Vale notar que o penúltimo aforismo do penúltimo capítulo com o qual Nietzsche queria terminar o *Crepúsculo dos Ídolos* anunciando a transvaloração de todos os valores coloca, comparando o século XIX com Goethe, a questão de saber por que, apesar daquele século buscar, tal como Goethe, "uma universalidade na compreensão e na aprovação, um deixar tudo aproximar-se, um ousado realismo, uma reverência por tudo factual", sucede, como resultado, não um Goethe, mas "um caos, um suspirar niilista, um não-saber-para-onde, um instinto de cansaço" (CI, IX, 50).

[688] *Cf.* EH, O Caso Wagner, §2.

[689] CW, Epílogo.

[690] Referindo-se aos cristãos, Nietzsche escreveu em *O Anticristo*: "falso até a inocência" (AC, §39).

após alcançarem o pensamento científico, souberam, fazendo da moral cristã a moral em si, "achar tortuosos caminhos de volta ao velho 'ideal'"[691]. Ou seja, os alemães mentem de tal maneira que eles chegam ao ponto de mentir sem culpa de estarem mentindo a respeito da realidade da moral cristã ser *uma moral*, considerando-a A moral, como se *não* mentissem, como se dissessem a verdade[692].

Em suma: com o caso Wagner, Nietzsche chega à conclusão de que o homem moderno, e, particularmente, o alemão, é um *décadent*, sem força organizadora. Como *décadent*, não tem psicologia[693], não faz e recusa-se a fazer um "duro exame de si mesmo"[694], deixando de tomar ciência dos valores, palavras, fórmulas e morais de procedências *contrárias* que carrega, inclusive, contra sua vontade, e sem que sinta qualquer vergonha. O resultado é uma alma sem unidade, com uma multiplicidade de elementos que são opostos, contrários entre si. Sem saber dos valores, palavras, fórmulas e morais de origens contrárias que carrega, o alemão admite tanto aqueles que são quanto os que não são contrários a si, a seu tipo, ou seja, os valores, palavras, fórmulas e moral tanto da *décadence* quanto dos senhores. Porque, como é idealista, "o alemão *nivela*"[695], ele é, para Nietzsche, o contrário de um *gentilhomme*, que *distingue*, ou seja, enxerga distinção entre um homem e outro. Tendo coragem ante a realidade da existência de estéticas, valores, símbolos, morais *contrárias*, o *gentilhomme*, a partir da psicologia, de um duro exame de si, seleciona, do que existe no âmbito da cultura (valores, estéticas, signos, morais), apenas aquilo que está de acordo com o seu tipo, o tipo forte, mantendo distância de sua alma todo o restante, que está de acordo com o tipo fraco, *décadent*.

O alemão tornou-se *décadent*, perdendo a capacidade de organização. Daí a heterogeneidade desintegrada, desagregada, desorganizada de impulsos, de uma estrutura de impulsos. Como resultado da *décadence*, ele perdeu

---

[691] EH, O Caso Wagner, §2.

[692] É possivelmente referindo-se a essa "santidade" na mentira que Nietzsche, em *O Anticristo*, explicita sentir nojo *da falta de vergonha* do homem moderno, que, não respondendo à exigência da retidão e da seriedade nas questões do espírito, tem a *indecência* de, permitindo-se *não saber* que um teólogo ou um papa não mentem inocentemente, ser cristão – pois esse homem sabe, e o sacerdote também, que não existe mais "Deus", "pecador", "Salvador", "livre-arbítrio", "ordem moral do mundo", "além", "juízo final", "imortalidade da alma", "alma", e que esses conceitos são instrumentos de tortura, sistemas de crueldades, criados para "*desvalorizar* a natureza, os valores naturais" (AC, §38), e, com isso, tornar o sacerdote senhor.

[693] Em *O Anticristo*, o filósofo afirma que, no sacerdote, a completa falta de asseio psicológico "é uma *consequência* da *décadence*" (AC, §52). O sacerdote, portanto, "é falso *porque* é doente" (AC, §52).

[694] EH, O Caso Wagner, §3.

[695] *Id.*, O Caso Wagner, §4.

o asseio psicológico, a coragem diante da realidade, tornou-se idealista, e, por isso, passou a abrigar, sem tomar ciência disso, uma heterogeneidade de *valores* contrários, opostos, antagônicos[696]. Daí a falsidade "feito carne e mesmo gênio"[697], daí porque o alemão não é verídico, não é o que é[698].

Com o diagnóstico da alma dos alemães, assim, Nietzsche termina a metade de sua tarefa que diz *Não*, que faz o *Não*. Ao expor a contradição tipicamente alemã de se assumir valores, símbolos, fórmulas e morais *contrárias* – dos fortes e dos fracos – e concluir, depois, que a alma alemã é, portanto, psicologicamente insincera, falsa, pois não mostra ser o que é, o filósofo nega, assim, o homem moderno, o alemão moderno. E nega *porque* afirma o *além-do-homem*, o tipo nobre, para o qual o filósofo prepara o solo da cultura com a transvaloração de todos os valores e com a semeadura do ideal do homem afirmador do eterno retorno – eterno retorno do homem pequeno, do homem cristão, negador da existência – e criador de valores *próprios*, de modo a tornar-se o que é.

---

[696] *Cf. Id.*, O Caso Wagner, §2.
[697] CW, Epílogo.
[698] Lembrar que tal como na *Segunda Consideração Extemporânea*, Nietzsche diagnostica que os alemães não são psicologicamente homens verdadeiros, honestos, sinceros, que mostram-se como são, que são o que são. Mas, diferentemente de *Da utilidade e desvantagem da história para a vida*, ele atribui a falsidade, agora, não à formação moderna, mas à *décadence*, como bem observou Müller-Lauter (1999).

CONCLUSÃO

A filosofia de Nietzsche, a partir de *Humano Demasiado Humano*, é toda atravessada pelo problema de educação sobre como alguém se torna o que é, formulado nas duas últimas *Extemporâneas*.

Foi porque seguiu o imperativo de seguir a si mesmo, tal como formulado primeiramente em *Schopenhauer Educador*, que, em *Humano, Demasiado Humano*, Nietzsche – ou melhor, como o filósofo afirma, um instinto nele, o instinto de autopreservação –, começou por deixar de seguir os valores alheios até então (principalmente os de Schopenhauer). Ele mostra, por exemplo, que não há nada de divino, sobre-humano, mas, sim, humano, demasiado humano na atividade do gênio e do santo, ambos tão admirados pelo seu antigo mestre filosófico.

Com o espírito, então, livre dos objetos de culto alheios, o nosso filósofo, movido pelo mesmo imperativo de se tornar o que é, passou, em *Aurora*, a retirar a confiança na moral mostrando que ela está fundada em conclusões errôneas daqueles que, vergonhosamente, fazem do que é bom ou mal para eles em bom ou mal em si, impondo a todos a mesma medida de valor e impedindo, desse modo, que cada um possa ter a sua própria medida. O reconhecimento de que toda moralidade que afirma exclusivamente a si própria mata muitas forças boas e vem a sair muito cara para a humanidade, e a previsão de que o caráter obrigatório dos sentimentos e juízos morais diminuirá a cada dia enquanto não diminuir o caráter obrigatório da razão, são, nessa obra, a base para o anúncio da possibilidade de novas boas formas de existência para além da moral (e, particularmente, da moral da renúncia de si). Em outras palavras, tal reconhecimento e tal previsão constituem a base para a exortação a cada um, especialmente filósofos e espíritos livres, para que, enquanto as ciências não estão ainda suficientemente maduras para construir novas leis da vida e da ação, experimente novos modos de existir e determine, assim, para além dos valores cristãos, valores próprios – tornando-se, desse modo, o que é.

O prognóstico sobre a diminuição do caráter obrigatório dos sentimentos e juízos morais traduz-se, na *Gaia Ciência*, em anúncio da morte de Deus, na notícia de que a crença no Deus cristão perdeu o crédito e que, portanto, não é mais legítimo sentir os juízos morais cristãos como leis universais, não é mais válido querer instituir o ideal de um homem moral cristão como ideal universal. O filósofo deixa explícito, assim, que a possibilidade aberta da criação de um ideal próprio, construído a partir das próprias tendências, ou seja, a liberdade para ter valores próprios, para seguir o seu próprio caminho e se tornar o que é está dada. O que não está dada, e é preciso ser construída, é a base para a transvaloração de todos os valores, o fundamento da determinação dos novos valores. E a base, o fundamento que o filósofo constrói é o pensamento do eterno retorno, que Zaratustra, por meio de sua experiência, ensina a cada um como afirmá-lo e, com ele, estabelecendo um ideal particular a partir de suas inclinações mais pessoais, determinar valores próprios e, assim, tornar-se o que é.

Tal como nas duas últimas *Extemporâneas*, nas quais Nietzsche fez indicações para um conceito mais elevado de *cultura*, *Além de bem e mal*, reclamando a necessidade de uma moral própria para um tipo superior ao tipo rebanho, faz indicações para um tipo mais elevado de *homem*, em comparação e contraposição ao homem *moderno*. Nietzsche ensina, então, em que consiste o tipo antitético ao homem moderno, para além do homem cristão: o tipo nobre, o *gentilhomme*, capaz de realizar o ideal do homem afirmador do eterno retorno, de *criar* valores e, assim, tornar-se o que é.

Em *Genealogia da Moral*, o filósofo, mostrando que os valores do ideal ascético são sintomas da vida declinante e obstruem o crescimento do homem, prepara as condições prévias para a formação do filósofo-educador; do disciplinador do espírito e da vontade de vida dos homens; do criador de homens nobres. *Crepúsculo dos Ídolos ou Como se filosofa com o martelo*, ao determinar tarefas para uma cultura *nobre* – tarefas de constituição de espíritos fortes e livres, pelas quais são necessários educadores –, prepara um caminho para o enobrecimento do homem, para o homem afirmativo, que se torna o que é.

Já *O Caso Wagner*, na medida em que faz um ataque que se dá no sentido e direção da transvaloração de todos os valores, é uma obra que se insere e se justifica, portanto, como parte do projeto educativo de cultivo de um homem nobre, criador de valores, para além do homem cristão. Cabe a *O Anticristo* promover, por meio da transvaloração de todos os valores, o projeto educativo nietzscheano de criação de um *além-do-homem*, de um tipo nobre, que se torna o que é.

E se na *Terceira Extemporânea* Nietzsche mostra como Schopenhauer se libertou da cultura moderna, em *Ecce Homo*, apresentando-se como a imagem de alguém que se tornou o que é, tal como tinha dito sobre Schopenhauer e Wagner em suas *Extemporâneas*, o filósofo mostra a si mesmo como um exemplo pedagógico de alguém que se libertou, justamente, de Schopenhauer, e, com ele, de toda a cultura moderna. *Ecce Homo* ou *Nietzsche Educador*.

O problema de como alguém torna si mesmo é um problema de educação que, no decorrer da derradeira filosofia de Nietzsche, e especificamente em *Além de Bem e Mal*, engloba tanto a formação, pelos espíritos-livres, de filósofos-educadores, quanto o cultivo, pelos filósofos-educadores, de homens nobres, capazes de afirmar o eterno retorno, de criar valores *próprios*. Considerando que para que alguém se torne o que é são necessários certos processos fisiológicos, compreendidos a partir da doutrina da vontade de potência como lutas por potência dos *quanta* de vontade, o filósofo tem a responsabilidade de desenvolver e estabilizar ao longo de várias gerações, por meio de exercícios estruturados e atividades disciplinares tanto físicas quanto intelectuais, um tipo forte, duro, com grande saúde, capaz de desenvolver sua vontade de vida, de aumentar sua vontade de potência, bem como de refinar sua inteligência, até o ponto de poder alcançar a suprema afirmação, de poder afirmar o eterno retorno do homem pequeno, e, criando valores *próprios* – valores *afirmativos*, que dizem Sim à vida –, tornar-se o que é.

A tentativa propriamente nietzscheana de construir uma ética do eu, uma filosofia da educação do eu, na medida em que o filósofo, a partir de *Humano*, manifesta oposição a Schopenhauer – cuja ética do eu inverte-se, como afirma Foucault, na renúncia sistemática do eu, tal como vimos na introdução deste livro –, consiste, fundamentalmente, em uma ética de *afirmação* do eu, ou melhor, em uma ética do eu, uma filosofia da formação de um eu *afirmativo*, e *supremamente afirmativo*, pois afirma até mesmo o eterno retorno do homem *pequeno*, de modo a determinar valores próprios, a criar a si mesmo, e, assim, a se tornar o que é. Nesse sentido, a ética do eu de Nietzsche é, antes de tudo, uma defesa intransigente da individualidade, da singularidade, da personalidade forte, o que a impede de fazer qualquer concessão a quaisquer morais com pretensões de validade universal, uma vez que uma lei que vale para todos, na medida em que não pode valer para uma singularidade autêntica e genuinamente pessoal, tende a suprimir a individualidade irresgatável de cada um, e, particularmente, a de indivíduos que seriam de mais alto valor, considerando que brotam neles em abundância não as ervas daninhas da fraqueza e da energia declinante, como o ressentimento, mas as flores silvestres da força e da energia abundante, como a gratidão e o amor.

A ética do eu de Nietzsche não é, em um certo aspecto, conciliável com éticas deontológicas e normativas, como a de Kant, pois nosso filósofo entende o *ethos* não como norma universal, mas como modo de vida, como estilística da existência. Mas, em outro aspecto, ela expõe a necessidade de dar aos espíritos que conquistaram sua liberdade em relação aos valores dominantes o direito, o privilégio, a prerrogativa de constituírem valores *próprios*, distintos dos da maioria, de guiarem-se na existência a partir de si *próprios* – dado o reconhecimento, evidentemente, da necessidade *por* tal tipo de homem, de seu mais alto valor. De todo modo, se se vive uma época na qual a crise dos valores afeta também a base das éticas deontológicas e normativas, a ética do eu de Nietzsche oferece um exemplo para aquele que, movido por uma vontade de autodeterminação de valores, siga não o filósofo, mas, como o filósofo, a si mesmo, seu próprio caminho no rumo de si mesmo, determinando *seus* valores e, assim, tornando-se o que é. Cabe a cada um se perguntar: "Podes dar a ti mesmo o teu mal e o teu bem e suspender a tua vontade por cima de ti como uma lei? Podes ser o teu próprio juiz e vingador da tua lei?"[699].

---

[699] ZA, II, Do caminho do criador.

REFERÊNCIAS

ANDLER, C. *Nietzsche, sa vie et sa pensée*. Paris: Gallimard, 1958.

ASSOUN, P-L. *Freud & Nietzsche*: semelhanças e dessemelhanças. São Paulo: Editora Brasiliense, 1991.

BEISER, F. C. A Romantic Education. The concept of Bildung in early German romanticism. *In:* RORTY, Amélie Oksenberg (org.). *Philosophers on Education*. Historical Perspectives. London-New York: Routledge, 1998. p. 284- 299.

BÍBLIA. Portugês. *Bíblia de Jerusalém* – Nova edição, revista e ampliada 3. imp. São Paulo: Paulus, 2004. 2206p.

BRAGA, M.; GUERRA, A.; REIS, J. C. *Breve história da ciência moderna*: A belle-époque da ciência (v. 4). Rio de Janeiro: Jorge Zahar, 2008.

BREAZEALE, D. *Becoming Who one is*: Notes on Schopenhauer as Educator. New Nietzsche Studies, New York, v. 2, n. 3/4, p. 1-25, 1998.

BRUSOTTI, M. *"Introduzione" a Nietzsche, F. Tentativo di Autocritica*. Gênova: Il Melangoro, 1992.

BRUSOTTI, M. Ressentimento e vontade de nada. *Cadernos Nietzsche*, São Paulo, v. 8, p. 3-34, 2000.

BURNETT, H. Humano, Demasiado Humano, livro 1: Nice, Primavera de 1886. *Cadernos Nietzsche*, São Paulo, v. 8, p. 55-88, 2000.

COLLI, G. *Escritos sobre Nietzsche*. Tradução de Maria Filomena Molder. Lisboa: Relógio D'Água, 2000.

DELEUZE, G. *Crítica e Clínica*. Tradução de Peter Pál Pelbart. São Paulo: Ed. 34, 1997.

DELEUZE, G. *Nietzsche e a filosofia*. Rio de Janeiro: Rio, 1976.

DIAS, R. M. *Nietzsche Educador*. São Paulo: Scipione, 1991.

D'IORIO, P. O eterno retorno: gênese e interpretação. *Cadernos Nietzsche*, São Paulo, v. 20, p. 69-114, 2006.

FINK, E. Nova experiência do mundo em Nietzsche. *In:* MARTON, Scarlett (org.). *Nietzsche hoje*. São Paulo: Brasiliense, 1985, p. 168-192.

FOUCAULT, M. Nietzsche, a Genealogia, a História. *Ditos & escritos*. Arqueologia das ciências e história dos sistemas de pensamento. Tradução de Elisa Monteiro. Rio de Janeiro: Forense Universitária, 2000. v. 2. p. 260-281.

FOUCAULT, M. *História da Loucura*. Tradução de José Teixeira Coelho Neto. São Paulo: Perspectiva, 1978.

FOUCAULT, M. *História da sexualidade II*: o uso dos prazeres. Tradução de Maria Thereza da Costa Albuquerque. Rio de Janeiro: Graal, 1984.

FOUCAULT, M. *História da sexualidade III*: o cuidado de si. Tradução de Maria Thereza da Costa Albuquerque. Rio de Janeiro: Graal, 1985.

FOUCAULT, M. *A Hermenêutica do Sujeito*. Tradução de Márcio Alves da Fonseca e Salma Tannus Muchail. São Paulo: Martins Fontes, 2006a.

FOUCAULT, M. *Ditos e Escritos I*. Tradução de Vera Lucia Avellar Ribeiro. 2. ed. Rio de Janeiro: Forense Universitária, 2006b.

FOUCAULT, M. *O governo de si e dos outros*. Tradução de Eduardo Brandão. São Paulo: WMF Martins Fontes, 2010.

GROS, F. O Cuidado de Si em Foucault. *In:* RAGO, M.; VEIGA-NETO, A. (org.). *Figuras de Foucault*. Belo Horizonte: Autêntica, 2008, p. 127-138.

HADOT, P. *O que é a filosofia antiga?* São Paulo: Loyola, 1999.

HOLLINRAKE, R. *Nietzsche, Wagner e a filosofia do pessimismo*. Tradução de Álvaro Cabral. Rio de Janeiro: Jorge Zahar, 1986.

HOYER, T. Höherbildung dês ganzen Leibes. *Nietzsche-Studien*. Berlin: Walter de Gruyter, 2003. p. 59-77.

JAEGER, W. *Paideia*. Tradução de Artur M. Parreira. 5. ed. São Paulo: Martins Fontes, 2010.

GIACÓIA JUNIOR, O. Sobre tornar-se o que se é. *In:* SALLES, J. C. *Schopenhauer e o idealismo alemão*. Salvador: Quarteto, 2004, p. 201-218.

GIACÓIA JUNIOR, O. *Nietzsche X Kant*: uma disputa permanente a respeito de liberdade, autonomia e dever. Rio de Janeiro: Casa da Palavra, 2012.

JANZ, C. P. *Friedrich Nietzsche*. Biographie. IV. München: Hanser, 1993.

JASPERS, K. *Nietzsche*. Sudamericana: Buenos Aires, 1963.

KOFMAN, S. Os "conceitos" de Cultura nas *Extemporâneas* ou a dupla dissimulação. *In:* MARTON, Scarlett (org.). *Nietzsche hoje.* São Paulo: Editora Brasiliense, 1985, p. 71-109.

KOFMAN, S. *Explosion I.* Paris: Editións Galilée, 1992.

KOFMAN, S. *Explosion II.* Paris: Editións Galilée, 1993.

LARGE, D. "Nosso maior mestre": Nietzsche, Burckhardt e o conceito de cultura. Tradução de Fernando R. de Moraes Barros. *Cadernos Nietzsche,* São Paulo, n. 9, p. 03-39, 2000.

LARROSA, J. *Nietzsche e a Educação.* Belo Horizonte: Autêntica, 2005.

LÖWITH, K. Nietzsche e a completude do ateísmo. *In:* MARTON, Scarlett (org.). *Nietzsche hoje.* São Paulo: Editora Brasiliense, 1985, p. 140-167.

MACHADO, R. *O nascimento do trágico*: de Schiller a Nietzsche. Rio de Janeiro: Jorge Zahar, 2006.

MARTIN, N. Breeding Greeks: Nietzsche, Gobineau and Classical Teories of race. *In:* BISHOP, Paul (ed.). *Nietzsche and Antiquity*: his reaction and response to the classical tradition. Rochester, NY: Camden House, 2004. p. 40-53.

MARTON, S. Claustros vão se Fazer Outra Vez Necessários. *In:* AZEREDO, Vânia Dutra de (org.). *Nietzsche*: Filosofia e Educação. Ijuí: Unijuí, 2008, p. 17-37.

MÜLLER-LAUTER, W. *A doutrina da vontade de poder em Nietzsche.* Tradução de Oswaldo Giacoia. São Paulo: Annablume, 1997.

MÜLLER-LAUTER, W. Décadence artística enquanto décadence fisiológica. *Cadernos Nietzsche,* São Paulo, n. 6, p. 11-30, 1999.

MONTINARI, M. Equívocos marxistas. Tradução de Dion Davi Macedo. *Cadernos Nietzsche*, São Paulo, n. 12, 33-52, 2002.

MONTINARI, M. Ler Nietzsche: O Crepúsculo dos Ídolos. *Cadernos Nietzsche,* São Paulo, n. 3, 1997, p. 77-91.

NIETZSCHE, F. David Strauss. El Confessional y el Escritor. *Obras Completas de Federico Nietzsche.* Traduccion de Eduardo Ovejero y Maury. Buenos Aires: M. Aguilar, 1949.

NIETZSCHE, F. *Ecce Homo.* Tradução de Paulo César de Souza. São Paulo: Companhia das Letras, 1995.

NIETZSCHE, F. *Genealogia da Moral*. Tradução de Paulo César de Sousa. São Paulo: Companhia das Letras, 1998.

NIETZSCHE, F. *O caso Wagner*. Tradução de Paulo César de Souza. São Paulo: Companhia das letras, 1999.

NIETZSCHE, F. *Sämtliche Werke: Kritische Studienausgabe in 15 Bänden*. Edição organizada por G. Colli e M. Montinari. Berlim: Walter de Gruyter, 1999.

NIETZSCHE, F. *Humano, Demasiado Humano*. Tradução de Paulo César de Sousa. São Paulo: Companhia das Letras, 2000.

NIETZSCHE, F. *A Gaia Ciência*. Tradução de Paulo César de Sousa. São Paulo: Companhia das Letras, 2001.

NIETZSCHE, F. *Escritos sobre educação*. Tradução de Noéli Correia de Melo Sobrinho. Rio de Janeiro: Ed. PUC-Rio; São Paulo: Loyola, 2003.

NIETZSCHE, F. *Aurora*. Tradução de Paulo César de Sousa. São Paulo: Companhia das Letras, 2004.

NIETZSCHE, F. *Além de Bem e Mal*. Tradução de Paulo César de Sousa. São Paulo: Companhia das Letras, 2005a.

NIETZSCHE, F. *Escritos sobre história*. Tradução de Noéli Correia de Melo Sobrinho. Rio de Janeiro: Ed. PUC-Rio; São Paulo: Loyola, 2005b.

NIETZSCHE, F. *Sabedoria para depois de amanhã*. Tradução de Karina Jannini. São Paulo: Martins Fontes, 2005c.

NIETZSCHE, F. *Crepúsculo dos Ídolos*. Tradução de Paulo César de Sousa. São Paulo: Companhia das Letras, 2006.

NIETZSCHE, F. *Assim falou Zaratustra*: um livro para todos e para ninguém. Tradução: Mário da Silva. Rio de Janeiro: Civilização Brasileira, 2007.

NIETZSCHE, F. *Humano, Demasiado Humano* (v. II). Tradução de Paulo César de Sousa. São Paulo: Companhia das Letras, 2008.

NIETZSCHE, F. *Wagner em Bayreuth*. Tradução de Anna Hartmann Cavalcanti. Rio de Janeiro: Zahar, 2009.

NUNBERG. H.; FEDERN, E. (org.). *Les Premiers psychanalystes* (v. II). Paris: Gallimard, 1967. p. 35-7.

OVERBECK, F. *Souvenirs sur friedrich Nietzsche*. Traduit par Jeanne Champeaux. Paris: Éditions Allia, 2000.

PHILONENKO, A. *Le rire et le tragique*. Paris: Le livre de Poche, 1995.

PLATÃO. *República*. Tradução de Maria Helena da Rocha Pereira. Lisboa: Fundação Kaluste Gulbenkian, 1949.

PLATÃO. *Apologia de Sócrates*. São Paulo: Nova Cultural, 1999.

SALAQUARDA, J. A última fase de surgimento de A Gaia Ciência. Tradução de Barbara Salaquarda e Oswaldo Giacoia Junior. *Cadernos Nietzsche*, São Paulo, n. 6, p. 75-93, 1999.

SALAQUARDA, J. A concepção básica de Zaratustra. Tradução de Scarlett Marton. *Cadernos Nietzsche*, São Paulo, n. 2, p. 17-39, 1997.

SALAQUARDA, J. Zaratustra e o Asno: uma investigação sobre o papel do asno na IV parte do Assim falava Zaratustra de Nietzsche. Tradução de Maria Clara Cescato. *In:* MARTON, Scarlett (org.). *Nietzsche na Alemanha*. São Paulo: Unijuí/Discurso, 2005, p. 131-178.

SANTANA, K. B. "A vida como ela é...": Crítica e Clínica em Nietzsche. *Cadernos Nietzsche*, São Paulo, n. 1, p. 33-52, 1996.

SANTANA, K. B. *Medicina e Moral em Nietzsche*. São Paulo: USP, 2001, 228f. Tese (Doutorado em Filosofia) – Departamento de Filosofia da Faculdade de Filosofia, Letras e Ciências Humanas da USP, São Paulo, 2001.

SCHACHT, R. A Nietzschean education: Zarathustra/Zarathustra as Educator. *In:* RORTY, Amelie Oksenberg (org.). *Philosophers on Education*: New Historical Perspectives. London: Routledge, 1998. p. 318-332.

SCHLECHTA, K. *International Nietzsche bibliography*. North Carolina: University of North Carolina Press, 1960.

SCHOPENHAUER, A. *O Mundo como Vontade e Representação*. Tradução de Jair Barbosa. São Paulo, 2005.

STACK, G. *Lange and Nietzsche*. Berlim: Walter Gruyter, 1983.

TÜRCKE, C. *O Louco*: Nietzsche e a mania da razão. Tradução de Antônio Celiomar Pinto de Lima. Petrópolis: Vozes, 1989.

VATTIMO, G. *Diálogo com Nietzsche*. Tradução de Silvânia Cobucci Leite. São Paulo: WMF Martins Fontes, 2010.

XENOFONTE. *Memoráveis*. Tradução de Ana Elias Pinheiro. Coimbra: Centro de Estudos Clássicos, 2009.

WOTLIG, P. *Vocabulário de Friedrich Nietzsche*. Tradução de Claudia Berliner. São Paulo: Martins Fontes, 2011.